# 烟草商业企业卷烟物流成本控制与优化

谌微微　杨晓华　李　康 ◎ 著

西南交通大学出版社
·成　都·

---

图书在版编目（CIP）数据

烟草商业企业卷烟物流成本控制与优化 / 谌微微，杨晓华，李康著. —成都：西南交通大学出版社，2019.7

ISBN 978-7-5643-6960-6

Ⅰ. ①烟⋯ Ⅱ. ①谌⋯ ②杨⋯ ③李⋯ Ⅲ. ①烟草企业－物流管理－成本管理－研究－中国 Ⅳ. ①F426.89

中国版本图书馆 CIP 数据核字（2019）第 136775 号

---

Yancao Shangye Qiye Juanyan Wuliu Chengben Kongzhi yu Youhua

### 烟草商业企业卷烟物流成本控制与优化

谌微微　杨晓华　李康　著

| | |
|---|---|
| 责 任 编 辑 | 周　杨 |
| 封 面 设 计 | 何东琳设计工作室 |
| 出 版 发 行 | 西南交通大学出版社<br>（四川省成都市金牛区二环路北一段 111 号<br>西南交通大学创新大厦 21 楼） |
| 发行部电话 | 028-87600564　028-87600533 |
| 邮 政 编 码 | 610031 |
| 网　　　址 | http://www.xnjdcbs.com |
| 印　　　刷 | 四川煤田地质制图印刷厂 |
| 成 品 尺 寸 | 170 mm × 230 mm |
| 印　　　张 | 10.5 |
| 字　　　数 | 177 千 |
| 版　　　次 | 2019 年 7 月第 1 版 |
| 印　　　次 | 2019 年 7 月第 1 次 |
| 书　　　号 | ISBN 978-7-5643-6960-6 |
| 定　　　价 | 48.00 元 |

---

图书如有印装质量问题　本社负责退换
版权所有　盗版必究　举报电话：028-87600562

# 前言

20世纪80年代我国开始实行烟草专卖制度,烟草行业经历了前所未有的迅速发展阶段,持续多年作为国家财政收入的第一大户为我国的经济建设和现代化发展做出了巨大的贡献。一方面,烟草商业企业代表了现代竞争发展环境中的生存支点,直接承担着构建"大市场、大企业、大品牌"的重任;另一方面,我国对烟草制品实行专卖制度,许多国内的烟草商业企业缺乏市场意识、竞争意识和服务意识,在用人模式、组织管理模式等方面滞后,这极大地阻碍了企业市场化改革的深入推进,也不利于企业的发展和壮大,更不利于中国烟草立足于世界之林。因此,烟草商业企业的适应性发展研究尤显迫切。

随着国际《烟草控制框架公约》的生效及我国经济发展进入中高速、优结构、多挑战、新动力的"新常态",烟草行业面临经济运行增长速度回落、工商库存增加、结构空间变窄、需求拐点逼近等新形势、新挑战。2018年6月,全国烟草行业物流工作现场会传达以下精神:(1)明确重申和强调了烟草物流是烟草行业的核心业务定位;(2)要求商业企业切实推进物流节点合理布局,优化资源配置,并思考如何更好地支撑市场化取向改革,满足市场和客户需求,为零售客户提供更便捷、更多样化的物流服务;(3)在夯实卷烟业务的资源上,有效利用渠道资源,挖掘客户红利,着力打造协调共享的发展模式,对仍在探索中的非烟业务思维要更加开阔一些,要充分考虑产品特性、市场异质、配送一致性等方面的特征,利用冗余资源实现新的利润增长点。

本书分为七章,包括烟草商业企业发展现状、基本概念与方法、卷烟分拣作业成本核算、不同分拣模式下卷烟分拣成本核算与控制、区域卷烟配送网络特征分析、基于合作博弈的区域卷烟异频配送、类卷烟物流共同配送研究等内容。本书由重庆交通大学多年从事卷烟物流研究的谌微微、进行成本控制研究的杨晓华以及重庆市烟草公司物流分公司熟知实际业务开展情况的李康共同完成；在类卷烟物流共同配送研究中，Muara Port Company Sdn. Bhd.公司的何婧钦进行了调研和具体研究工作，在此特别感谢。

  本书在写作过程中参阅了大量国内外教材和著作，吸收了近几年来烟草商业物流成本控制理论研究成果和管理实践，注重内容的系统性、科学性、创新性、实践性，既有先进理论的介绍又有实际案例的应用和数据分析，密切联系烟草商业企业卷烟成本控制实践，为烟草商业企业卷烟物流从业者提供具有应用价值的成本控制管理理论、技术和方法。

作 者

2019 年 2 月

# 目 录

第 1 章 烟草商业企业发展现状 ·········································· 1
  1.1 烟草行业发展历程 ·················································· 1
  1.2 烟草商业企业组织架构 ············································ 2
  1.3 烟草商业企业物流公司职责与使命 ······························ 3
  1.4 物流公司卷烟物流作业基本流程 ································ 5

第 2 章 基本概念与方法 ·················································· 9
  2.1 概念界定 ······························································ 9
  2.2 物流成本控制 ······················································ 17
  2.3 物流配送优化 ······················································ 21
  2.4 优化与控制方法 ··················································· 23

第 3 章 卷烟分拣作业成本核算 ······································· 30
  3.1 国内卷烟分拣特点 ················································ 30
  3.2 卷烟分拣作业分析 ················································ 36
  3.3 卷烟分拣成本核算模型 ·········································· 43

第 4 章 不同分拣模式下卷烟分拣成本核算与控制 ············· 51
  4.1 不同分拣模式的分拣成本对比分析 ··························· 51
  4.2 卷烟分拣成本核算 ················································ 54
  4.3 作业成本控制 ······················································ 65

第 5 章 区域卷烟配送网络特征分析 ································· 72
  5.1 卷烟配送作业识别 ················································ 72

5.2 基于复杂网络的区域卷烟配送网络特性 ……………………… 76
5.3 区域卷烟配送复杂网络模型 …………………………………… 79
5.4 案例研究 ………………………………………………………… 81

第6章 基于合作博弈的区域卷烟异频配送 ……………………… 87
6.1 区域卷烟异频配送形成动因 …………………………………… 87
6.2 区域卷烟异频配送联盟模型 …………………………………… 89
6.3 案例分析与模型测算 …………………………………………… 91

第7章 类卷烟物流共同配送研究 ………………………………… 97
7.1 类卷烟物流 ……………………………………………………… 97
7.2 烟药物流共同配送可行性分析 ………………………………… 98
7.3 共同配送前后成本与收益分析 ………………………………… 133
7.4 烟药物流共同配送模式构建 …………………………………… 142

参考文献 ……………………………………………………………… 151

# 第1章

# 烟草商业企业发展现状

## 1.1 烟草行业发展历程

1982年1月,中国烟草总公司成立;1983年9月23日,国务院发布了《烟草专卖条例》;1984年1月,国家烟草专卖局成立;1991年9月29日,第七届全国人民代表大会常务委员会通过了《中华人民共和国烟草专卖法》;1997年7月3日,国务院颁布了《烟草专卖法实施条例》。这些法律、政策的实施在中国烟草行业建立起了"统一领导、垂直管理、专卖专营"的专卖管理体制模式。

国家烟草专卖局1984年成立后,我国逐步建立了一套国家烟草专卖管理体制和从国家局、省局、市局到县局的完整行政管理体系,确保了国家烟草专卖制度得以贯彻实施。近年来,国家局把卷烟营销网建设工作提到生命工程的高度,全面推进、精心打造,经过不断的完善和提升,目前已经建立了一套完整的营销网络,遍布各地、城镇乡村,确立了先入为主的优势。同时各地的风俗习惯、吸食习惯、消费方式都存在着很大的不同,而烟草行业因为几十年来的经验积累对这种巨大的消费差异了如指掌,与将来可能的竞争对手相比有优势。

在烟草专卖制度的保护下,经过几十年的艰苦创业,烟草行业迅速成为国民经济的支柱产业,为我国经济建设做出了巨大的贡献。自1987年以来,烟草行业实现的税利合计已连续17年高居国民经济各行业之首。并且,自1982年以来,烟草行业依靠法律引入和行政规定,执行专卖制度普遍采取"市场集聚和价格领先"策略,一方面专注于本地市场和其他一些区域性细分市场;另一方面实施领先于竞争性产品和远高于成本的价格政策,实现并保持着极高的行业利润率，不但成功地把国际烟草巨头挡在国门之外，牢牢控制了国内95%以上的市场份额，而且整个烟草行业在20年的时间里迅速发展壮大。在中国烟草总公司成立的1982年，全国共生产卷烟1 885万箱；到2014年，全国共生产卷烟4 999.6万箱。从行业收益水平方面看，1982年全国烟草行业共实现工商税利97.6亿元；到2014年，烟草行业工商税利达到10 517.6亿元；2015年，烟草行业预期工商税利总额11 256亿元，上缴国家财政总额接近10 000亿元，同比增加800亿元左右，行业整体盈利能力和盈利水平都得到了极大提高。

受我国"分灶吃饭"财政体制的影响，在工商分离之前，由于烟草的高税收给当地财政带来的巨大收益，地方政府一直高度重视卷烟厂的税收情况，并想方设法多销售本地品牌卷烟，排斥外地卷烟在本地的销售。这种体制给中国烟草造成的直接后果便是诸侯割据，未形成统一的大市场、大品牌、大企业，中国一直只是烟草大国而非烟草强国。为了打破地区封锁，建立公平、有序、开放的市场秩序，推动"大市场、大品牌、大企业"的形成，国家烟草专卖局从2003年开始实施烟草工商业分离的改革，由过去工商合一变为工商分离。原来省级烟草公司负责管理本省的烟草生产与销售，工商分离后，省级烟草公司只负责本省烟草销售，由中烟工业公司负责各省烟草生产。在此基础上，2004年根据"成熟一个，操作一个"的原则，在全国的17个省（市、区）先后成立了16家中烟工业公司，并鼓励烟草工业企业跨省、跨地区进行联合、兼并、重组。经过几年的"工商分离"改革，全国各烟草县级公司取消了法人资格，地州市级公司的经营主体地位得到确立，省级中烟工业公司变成经营实体，市场格局发生了较大变化。截至目前，全国烟草行业有33家省级烟草专卖局和烟草公司、16家工业公司、57家卷烟工业企业、1 000多家商业企业以及各类全国性专业公司。

由于高垄断的行业特性，烟草商业企业长期以来在浓厚的计划经济下行事，缺乏强烈的竞争与忧患意识，企业运行效率低下，绩效考核制度形同虚设。面对国外烟草企业的不断渗入，如何转变经营管理理念、强化员工的竞争意识，从根本上提高企业的运行效率和绩效水平，已经成为我国烟草商业企业生存发展中亟须解决的首要问题。

## 1.2　烟草商业企业组织架构

国家烟草专卖局、中国烟草总公司实行一个机构、两块牌子的管理方式，是国家行政机关，隶属于国家事业单位，主要对我国烟草行业实行统一领导、垂直管理、专营专卖，对全行业"人、财、物、产、供、销、内、外、贸"实行集中统一管理，具体组织架构如图 1.1 所示。

一般认为省市烟草专卖局（省市烟草公司）属于烟草商业企业的范畴，工业公司属于烟草工业企业的范畴。烟草商业企业主要负责卷烟采购及销售，若是"两烟区域"则还要负责烟叶种植；烟草工业企业主要负责将从商业企业采购的烟叶加工成卷烟供商业企业销售。本书中主要讨论烟草商业企业卷烟销售过程的物流成本控制与优化。

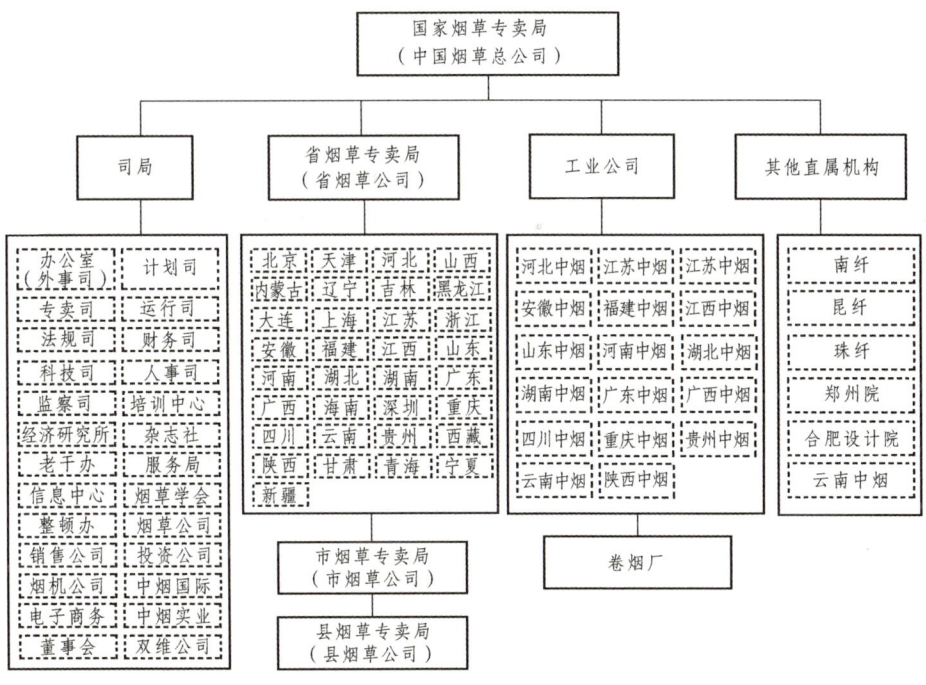

图 1.1  中国烟草行业组织架构

## 1.3  烟草商业企业物流公司职责与使命

烟草商业企业负责辖区内卷烟采购与销售，一般下设多个专业分公司或职能机构，以重庆市烟草专卖局（公司）为例，其现辖 39 个区县分公司，其中 12 家"两烟"经营单位，销售、烟叶、物流 3 个专业分公司，1 个复烤公司（辖两个复烤厂），1 个全资子公司（多元化经营企业），1 个烟草科学研究所，其组织结构如图 1.2 所示。

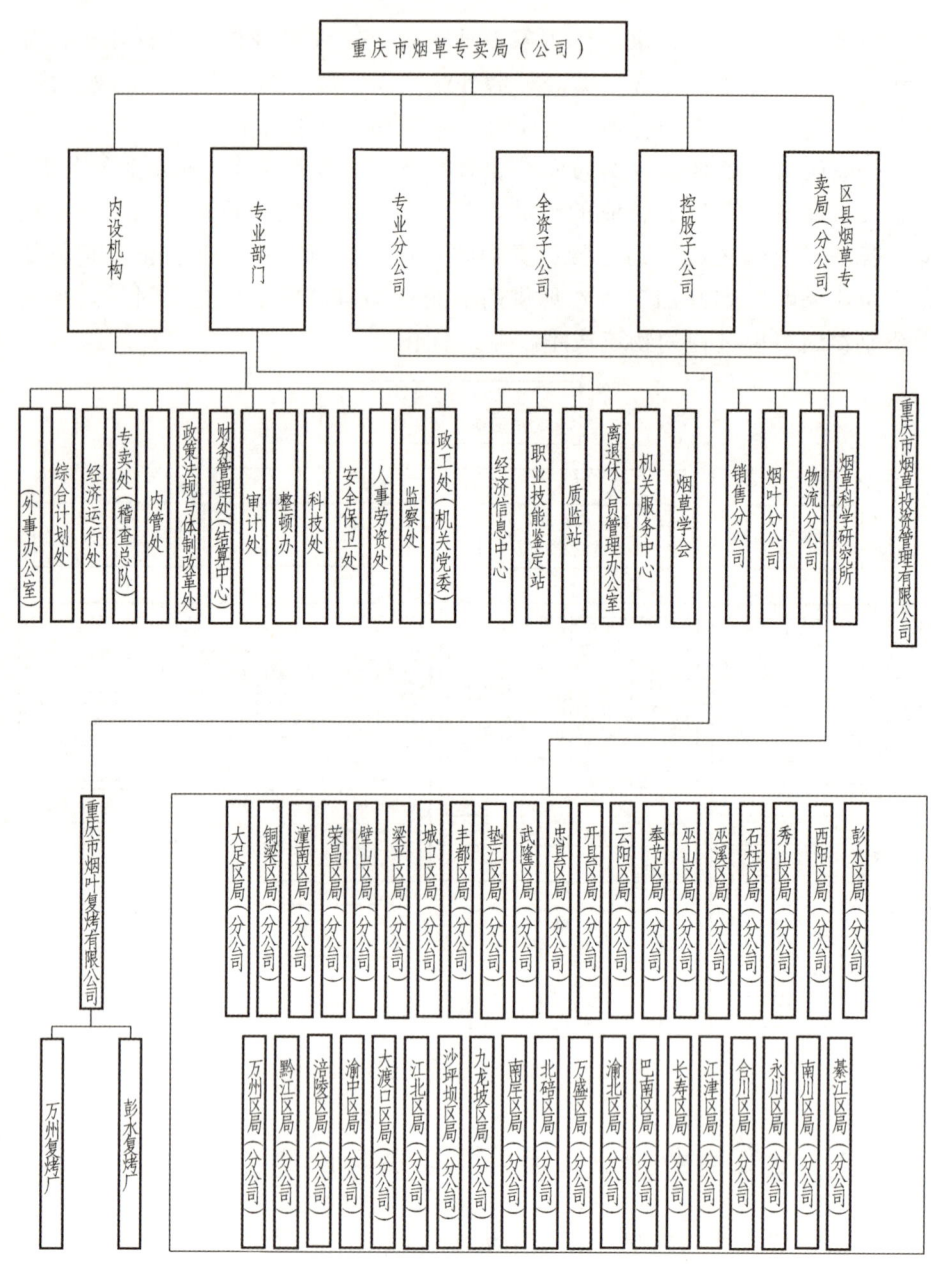

图1.2 重庆市烟草专卖局（公司）组织机构

物流分公司是烟草商业企业重要的专业分公司之一，下设若干区域配送中心，主要负责卷烟销售过程中的卷烟分拣及配送工作，具体业务流程如图1.3所示。

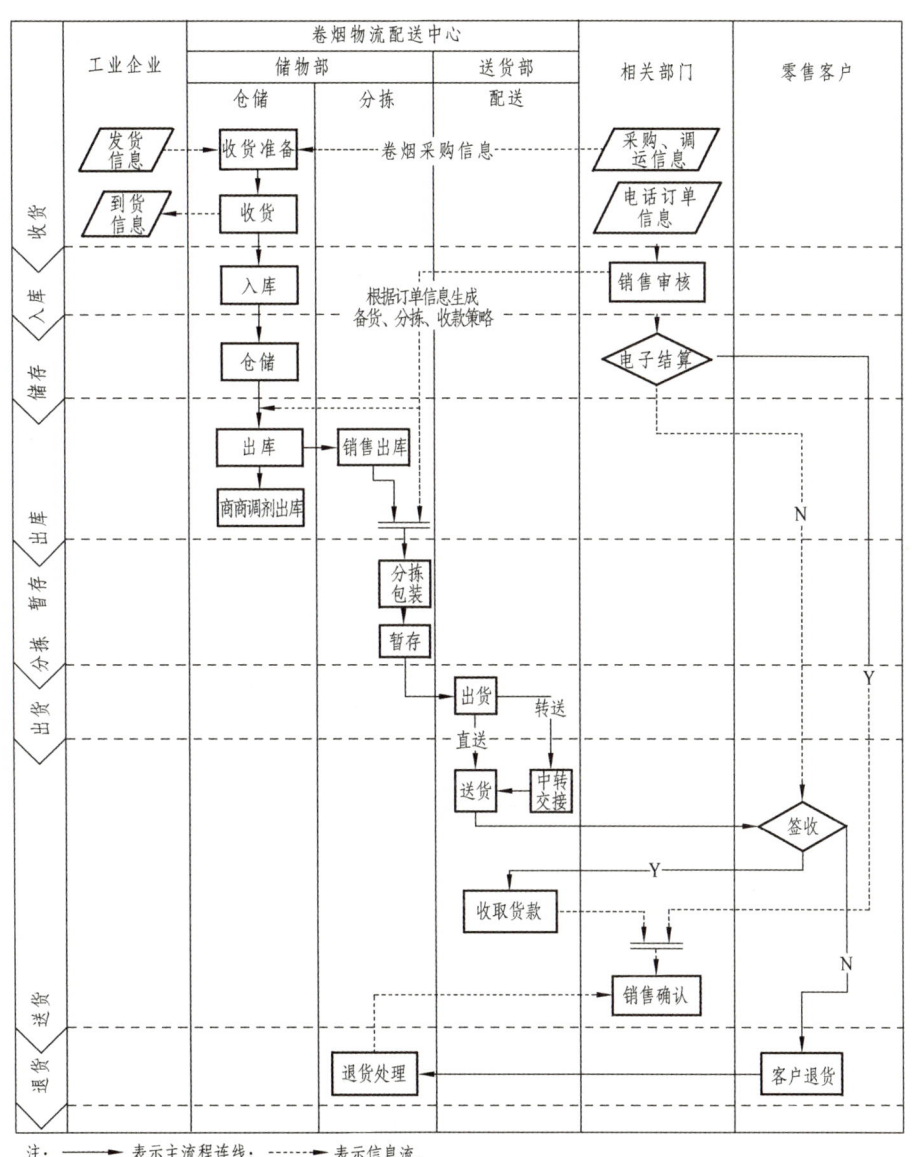

图 1.3　卷烟物流综合业务流程

## 1.4　物流公司卷烟物流作业基本流程

### 1. 卷烟分拣基本流程

卷烟分拣主要是指烟草商业企业在接到零售客户订货信息后，由卷烟配送中心根据零售客户订单信息按照送货部优化后的送货线路进行订单分拣、并逐一进行打码、包装等待配送的一系列过程，具体流程如图1.4所示。

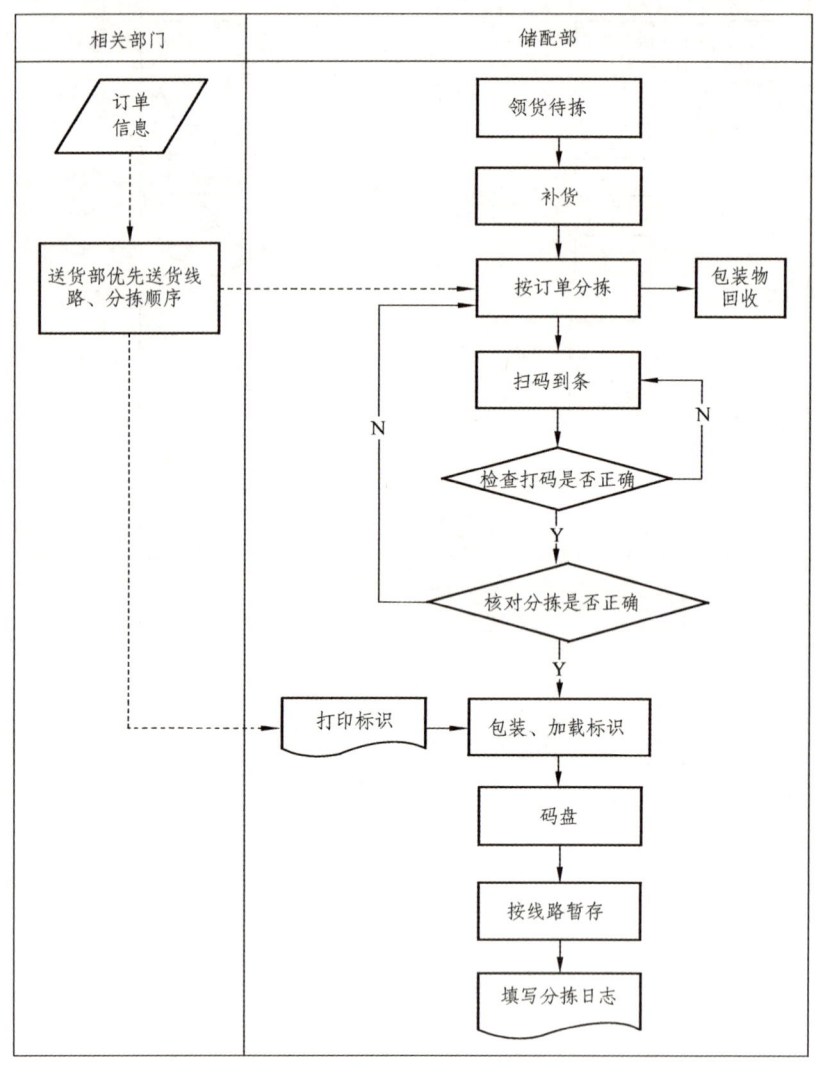

图1.4 卷烟分拣作业流程

## 2. 卷烟配送基本流程

广义的卷烟配送包括卷烟采购、运输、仓储、分拣打码、包装和配送到户的时间或空间转移过程；狭义的卷烟配送则指烟草商业企业的卷烟物流配送中心将按零售客户订单分拣、包装后的卷烟作为配送商品从配送中心运送至卷烟零售客户的时间或空间转移过程，涉及的主体主要是烟草商业企业和卷烟零售客户。本书主要针对狭义的卷烟配送进行研究，具体作业流程如图 1.5 所示。

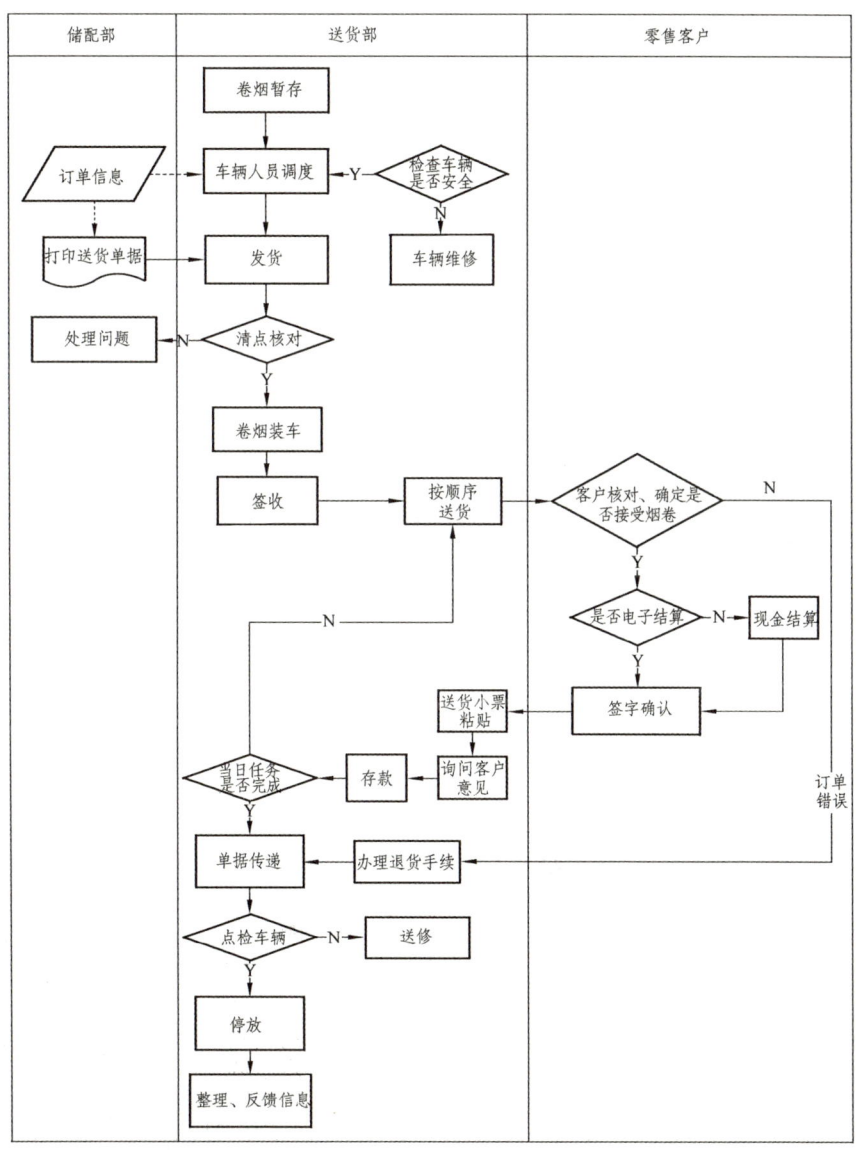

图 1.5　卷烟配送作业流程

对于狭义的卷烟配送而言，主要工作就是将已经按照客户订单分拣、包装后的卷烟用配送车辆运送至零售客户的经营地址，是门对门的送货形式。由于零售客户数量庞大、地点分散、送货量和送货距离差异大等，物流资源消耗和物流服务水平间出现了严重的矛盾，而物流服务水平直接关系到零售客户的满意度，卷烟配送活动有必要在物流资源消耗与物流服务水平之间进行权衡，最佳结果便是既能降低物流配送成本又不影响顾客满意度。

# 第 2 章

# 基本概念与方法

## 2.1 概念界定

### 2.1.1 卷烟物流

广义的卷烟物流指烟草行业基于社会职能分工的不同，工业企业、商业企业及相互之间发生的卷烟成品的移动活动。狭义的卷烟物流是指烟草商业企业对卷烟零售客户的卷烟订单进行分拣、配送的活动及过程。本书中的卷烟物流是指狭义的卷烟物流。卷烟属于国家专卖，需要对其整个生产销售流程施加很强的控制。卷烟作为国家税收的最重要的来源之一，长期以来在我国一直实行计划生产、专卖管理的制度。因此，要以强大的物流配送体系支撑整个行业的持续快速发展，从容应对市场环境带来的挑战风险。

高度计划的专营专卖体制是目前中国卷烟销售的唯一实行方式，经营和销售卷烟的唯一合法实体是地方烟草专卖局，卷烟生产企业与市场不产生任何直接性关联，只能通过烟草专卖局的分销网络进行卷烟的销售。各地区烟草专卖局和卷烟零售终端构成整个烟草的分销网络，主要由大型连锁超市模式、社区连锁便利店模式、烟草公司自建模式和传统批发零售模式构成，这些均属于销售终端，持有"烟草专卖零售许可证"，由烟草专卖局监督管理，并由其统一进行配货。目前卷烟配送均按照行政区域划分配送体系，总公司负责所有分公司的卷烟采购及销售，各区县分公司则负责该地区的零售终端客户的访销、仓储、运输等物流配送，具体实施方式如图 2.1 所示。

中国是世界上最大的烟草生产和消费国，烟草业在国民经济中占据举足轻重的地位，我国烟草业一直实施专营专卖的高度计划体制，这种体制在保护烟草企业避免外部竞争、保障国家和地方获取稳定烟草税收的同时，其计划体制的先天缺陷性，也对烟草企业的发展产生了许多消极影响。随着我国加入WTO，国内市场日益开放，烟草的计划体制显得越来越不合时宜，并成为优势企业进一步发展壮大的绊脚石。鉴于烟草行业在国家税收以及调节社会收入分配的重要性，国家烟草专卖局在烟草专卖的总体框架下，以一批实力强劲的烟草工业企业为中心，对烟草整个供应链进行了一系列改革，引入竞争机制、培育壮大优势品牌、构建现代流通体系，并逐步实现烟草业从计划到市场的转变。

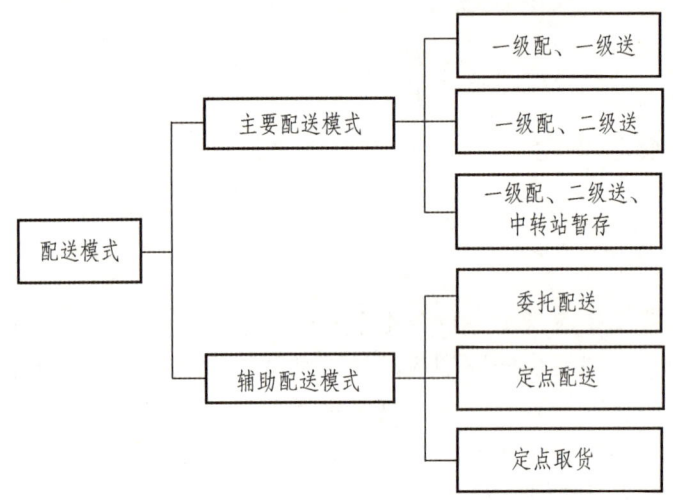

图 2.1 卷烟配送模式

### 2.1.2 卷烟分拣

#### 1. 分拣模式分类

所谓分拣模式，是对各种各样的分拣系统分类后的集合，不同的分拣系统具有不同的特点，但它们都是由分拣单位、分拣作业方式、分拣信息、分拣设备四个要素组成。目前常见的分拣模式主要有"RF拣货+PTL分播"模式、"表单拣货+表单分播作业"模式。

"RF拣货+PTL（电子标签）分播"模式的基本流程为：物流中心接收到客户销售订单后，根据配送站点、配送时间、快递公司次序等启动拣货作业，将众多订单拆分成一个个拣货波次。每个波次包括多个订单，生成一张拣货集合单。如果仓库内部分成多个拣货区域，为了提高拣货效率，把拣货集合单进一步拆成多个小拣货集合单,每张小拣货集合单对应一个拣货区域。使用 RF 在各区域拣货,将已拣货品合流到一个周转箱里。再将周转箱运至 PTL(电子标签)分播货架,将货品分播到一个个客户。然后对各客户的货品进行复核,最后打包、集货到客户对应的配送站点集货位。该模式适用于年配货金额大、单体仓库大、硬件投资水平高、拣货准确性要求高的物流中心。

"表单拣货+表单分播作业"模式的基本流程为:物流中心启动拣货波次,每个波次包括多个客户订单,打印该波次的拣货标签,一件货品一个标签(包括客户订单号、拣货位等信息)。拣货员一次拣一个波次的货品,根据标签将货品拣出来放在拣货车里。一个波次拣完后,将拣货车拉到分播区,将货品放入客户分播货位,并用 RF 关联货品拣货标签与分播货位。分播完成后,打印出货单、发票、面单,并放入客户分播货位。然后,复核货品与单据,打包,称重,集货。该模式适合于仓库规模小、平均订单行 2~3、货品单价高、每日出货量较小物流中心。

2. 卷烟分拣模系统

卷烟属于快速消费品,订单量大,且价值大,基本采取的是"RF 拣货+PTL 分播"模式。根据其分拣设备的自动化实现程度不同,其分拣系统又可分为手工分拣系统、半自动分拣系统和全自动分拣系统。

手工分拣系统以电子标签辅助拣选设备为代表,是在国内应用较早并且也较为广泛的卷烟分拣系统,分拣效率为 6 000~8 000 条/小时。单条分拣设备的投资通常在 50 万~70 万元。手工拣选系统具有投资少、占地面积相对较小等特点,比较适合于中小配送中心的分拣需求。其缺点是所需作业人员多,劳动强度较大,分拣效率低下,差错率较高且不易控制。

半自动分拣系统采用自动化分拣和人工补烟相结合的方式,其中分拣设备多采用柜式机或通道式分拣机,分拣效率为 8 000~11 000 条/小时,单条分拣设备的投资在 120 万~200 万元,价格适中。半自动分拣系统有效地提高了分拣效率,降低了分拣差错率,并且能够做到系统自动检错。目前很多半自动分拣系统采用的柜式机过多,或者由于通道式分拣机只能一次性拣出 5 条卷烟,使用时必须搭配一个柜式机通道分拣同品牌卷烟,造成了人工补烟强度巨大和无法单品种下烟的不足。

全自动分拣系统能实现分拣过程从补烟、分拣到包装的全自动化,分拣效率最高,可达 15 000 条/小时以上,但也存在系统占地面积庞大、设备过于复杂、投资与维护成本高昂等缺点，并且由于设备研发周期相对较短，设备的稳定性有待进一步提高。

### 2.1.3 卷烟配送

#### 1. 物流配送基本模式

物流配送模式是指构成配送活动的诸要素的组合形态以及其运动的标准形式，它是根据经济发展需要并根据配送对象的性质、特点、工艺流程而相对固定的配送规律。我国物流配送模式按照组织方式进行划分，可以分为自营物流配送、第三方物流配送、共同配送三种基本模式，如图2.2所示。

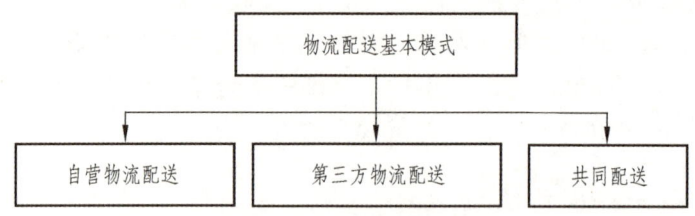

图 2.2 物流配送基本模式

（1）自营物流配送模式.

自营物流配送模式指企业物流配送的各个环节均由企业自身筹建并组织管理，实现对企业内部及外部货物配送的模式。自营物流模式的系统化程度较高，对企业的资金投入要求也高，要求企业根据自身配送业务需要自行选址建立物流配送中心、投资置办运输工具、组织人员将商品从配送中心运往需求点。一般情况下，采用自营物流配送模式的都是资金雄厚、规模大、业务能力强的企业或者对物流配送有特殊要求的企业，其运作方式如图2.3所示。

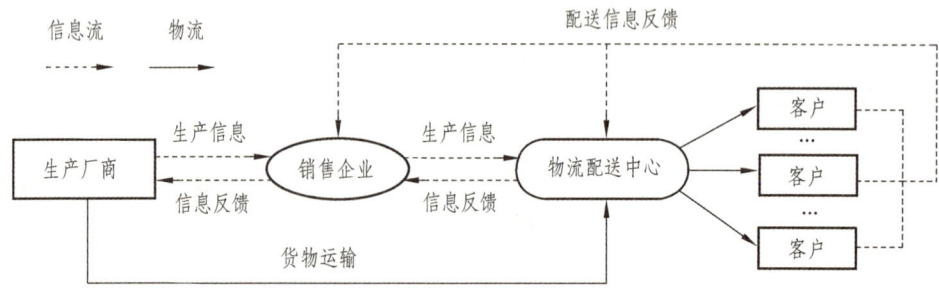

图 2.3 自营物流配送模式运作方式

自营物流配送模式的优点主要表现为：

① 企业可以自行控制配送周期，并实时监控整个物流配送运作情况，能够对企业资源进行统一配送调度，有利于提高物流配送效率；

② 物流配送环节均可在内部有效衔接，企业可以统一对物流配送服务进行严格要求，能有效保证物流服务水平，有利于提高客户满意度；

③ 物流配送环节通常伴随着较多的客户需求信息（包括客户购买能力、购买偏好、购买频次、区域消费特征等），自营物流配送能够保护客户隐私，有利于保证企业及客户信息安全；

④ 企业在长期的物流配送业务中可探索出符合自身业务需求的物流配送流程，去除冗余、低效的操作环节，避免无效的资源消耗和无价值的作业时间消耗，有利于企业的长远发展。

自营物流配送模式也存在一些不足，主要表现为：

① 自营物流配送模式需要企业自行建立物流配送体系，包括配送中心、运输及装卸设备、信息系统建设等，企业前期资金投入较大，且回收期较长，不利于企业资金的流动和周转；

② 市场经济条件下，企业自负盈亏，企业前期较大的固定资产投入使企业需承担较大的经营风险，若企业物流配送规模较小、资金实力较弱，较大的资金占用则会削弱企业在业务拓展、宣传等业务的发展；

③ 自营物流配送通常只承担本企业的物流配送业务，若企业经营规模大、配送业务充足，企业可以形成规模经济效益，否则会造成资源得不到有效利用，产生不必要的浪费；

④ 自营物流配送模式对企业的物流管理能力有较高要求，需要具备专业的物流管理人员，以便更好地对物流配送业务进行协调和管理。

目前，采用自营物流配送模式的企业主要有三类：第一类，源于电子商务的迅速发展，资金雄厚的 B2C 的电子商务企业、批发零售的 B2C 电子商务网站都采用这种物流配送模式，如京东商城、苏宁易购；第二类，传统大型制造企业，如格力电器；第三类，对物流配送业务有特殊要求的企业，如医药用品配送物流、专卖专营商品配送。

（2）第三方物流配送模式。

第三方物流配送模式亦称第三方配送（Third-part Logistics），是指由物流劳务的供方、需方之外的第三方去完成物流服务的物流运作方式。第三方就是指提供物流交易双方的部分或全部物流功能的外部服务提供者，是物流专业化的一种形式。企业不拥有自己的任何物流实体，将商品采购、储存和配送都交由第三方完成。第三方物流配送模式主要适用一些没有任何物流能力和资金不充足的中小型企业，以通过签订合同的形式，在协定的时间段内将部分或全部物流配送业务交于第三方物流配送企业，其运作方式如图 2.4 所示。

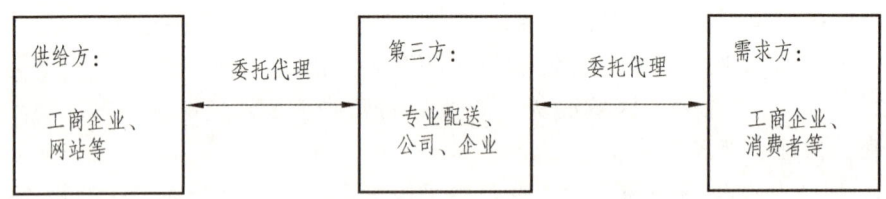

图 2.4　第三方物流配送模式运作方式

第三方物流配送模式的优点主要表现为：

① 企业不用自行建立物流配送体系，可减少固定资产投资，加快企业资金周转速度，降低了因投资过大或投资不合理带来的风险，有利于企业将更多资金、精力用于拓展市场等其他活动；

② 第三方物流公司拥有更为专业的物流设备和人员，可在物流配送中提高专业化、个性化服务，有利于完好保存运送商品、减少破损；

③ 第三方物流公司具有更健全、更深层次的物流配送网络，物流配送范围广阔，网点覆盖率高，为企业拓展销售网络提供基础保障，有利于企业拓展销售网络后提供范围更广的物流配送服务；

④ 第三方物流公司负责物流配送业务，因而需要负担此过程中的物流活动管理义务，企业不需额外投资人财物到物流业务，只要按需监控第三方物流公司的配送信息即可，极大降低了物流管理难度。

第三方物流配送模式也存在一些不足，主要表现为：

① 企业将物流配送业务外包给第三方物流公司负责，虽能监控其配送信息，但对物流配送过程无控制权，较易受制于第三方物流公司，也不能完全保证物流配送服务水平，容易给企业带来一定风险；

② 物流配送环节是企业与客户面对面交流的重要环节之一，将物流配送业务外包给第三方物流公司将使得企业不能及时与客户当面交流、无法快速对客户需求变化做出判断，不利于企业预测客户需求；

③ 物流配送业务外包给第三方物流公司，导致企业自身缺乏物流专业知识及技术，不利于企业对自身物流配送能力建设；

④ 物流配送环节是企业对客户再次进行企业形象或服务宣传的重要途径之一，由第三方物流公司完成物流配送，不利于企业维护与客户的长期

合作关系。

电子商务的快速发展为第三方物流配送提供了广阔的发展空间，因而，电子商务与第三方物流配送的有机整合成为第三方物流配送的主要运作模式之一，如淘宝网、亚马逊、聚美优品。

（3）共同配送模式。

共同配送模式（Common Delivery）也称共享第三方物流服务，指多个客户联合起来共同由一个第三方物流服务公司来提供配送服务。它是在配送中心的统一计划、统一调度下展开的。目前，共同配送主要有两种运作形式：一是由一个配送企业对多个企业的客户进行配送，即由一个配送企业综合某一地区内多个企业的客户要求，统筹安排配送时间、次数、路线和货物数量，全面进行配送；二是仅在配送环节上将多个企业的待配送货物混载于同一运输工具上，然后按照企业的要求分别将货物运送至各个客户，或者运到多个企业联合设立的配送货物接收点上，其一般流程如图2.5所示。

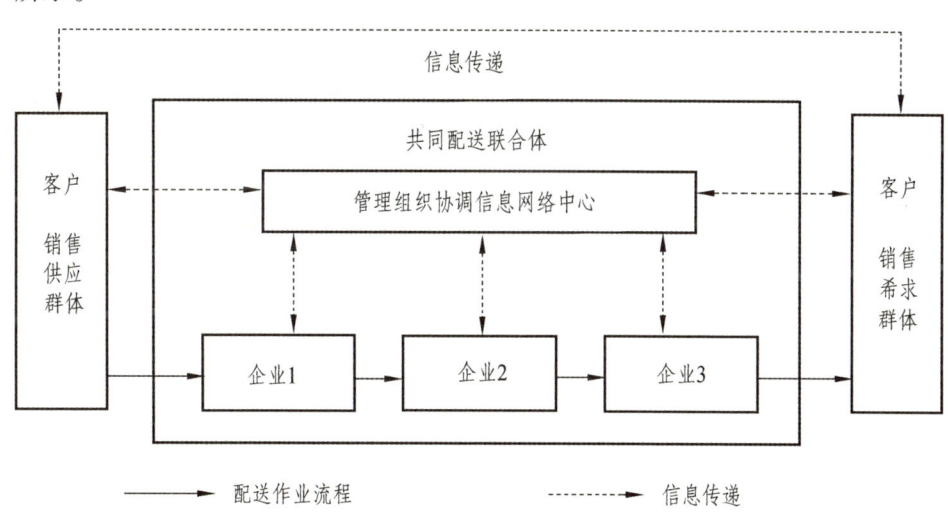

图 2.5  共同配送模式一般流程

共同配送模式的优点主要表现为：

① 共同配送模式下，多个企业通过协调、统一配送，能节省运力、提高运输车辆的装载率，有利于降低物流配送成本；

② 多个企业联合采用共同配送模式，共同投资并建设物流配送设施设备，减少了单个企业的物流资金投入，降低了各个企业的经营风险；

③ 共同配送模式体现了集约化、规模化效应，多个企业间实现了物流

业务中人财物等资源的整合，有效实现物流资源优化整合；

④ 共同配送模式可实现较高的装载率，减少空驶，避免多个物流配送企业在同一区域多次配送，降低单个商品物流配送中的资源消耗，提高了资源利用效率，进一步减少汽车尾气排放，有利于环境保护。

共同配送模式也存在一些不足，主要表现为：

① 共同配送模式涉及多个企业，各企业商品特性存在不一致性，对配送周期、物流运输技术要求等不完全相同，运输调度协调、车辆运行路径等相互间的管理协调难度大；

② 各企业需要对物流配送进度进行监控，以保证相应的服务水平，因此对物流信息技术要求较高；

③ 各个参与共同配送的企业需共享物流信息，由此使得各企业内部信息存在一定的安全隐患；

④ 各个参与共同配送的企业，其商品相似度越高越容易实现共同配送模式，这就使得经营业务的竞争加剧。

共同配送模式多见于中小型企业，如同一地区的多个杂货店或便利店形成共同配送联盟，以此减少单独配送的物流成本、共享资源提高物流效率。

我国幅员辽阔，物流配送难度大，企业在进行配送模式决策时不一定只采用某一种单一模式，最终呈现的选择结果可能是一种物流配送模式为主、其他一种或几种模式为辅的组合形式，如京东商场就采用自营物流配送为主、第三方物流配送模式相结合的方式。同一个企业在不同的时期、不同的阶段或不同的地域，也可能采取不同的配送方式，需要综合考虑企业发展状况和客户需求特点进行物流配送模式的选择，为企业的长远发展提供有力支撑。

### 2. 卷烟配送模式

卷烟作为专卖专营商品，其配送活动是由烟草商业企业下属卷烟物流服务公司负责完成，以此保证其流通渠道。对于卷烟配送，目前通常是按照省级行政单位划分具体管辖范围。一个省级区域地域辽阔，其卷烟配送活动，通常需要设置多个卷烟配送中心来完成；因卷烟零售客户与卷烟配送中心的距离长短不同，每个卷烟配送中心另设有中转站，并通过三种形式来满足零售客户的配送需求，具体如图2.6所示。

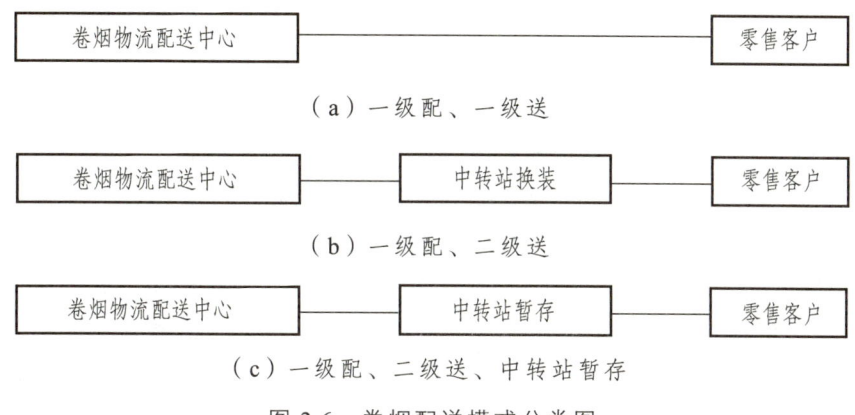

图 2.6 卷烟配送模式分类图

图 2.6 中,(a)一级配、一级送:是指由卷烟配送中心按订单分拣、包装后直接装车运送到卷烟零售客户的模式;适用于卷烟零售客户与卷烟配送中心距离较短的情况;(b)一级配、二级送:是指由卷烟配送中心按订单分拣、包装后,先送到相应中转站换装后再运送到卷烟零售客户的模式,适用于卷烟零售客户与卷烟配送中心距离较远且当天能完成配送的情况;(c)一级配、二级送、中转站暂存:指由卷烟配送中心按订单分拣、包装后,先送到对应中转站暂存,次日再运送到卷烟零售客户的模式,适用于卷烟零售客户与卷烟配送中心距离远且当天不能完成运送的情况。

## 2.2 物流成本控制

### 2.2.1 物流成本控制含义

20 世纪 30 年代诞生了"成本控制"一词。哈佛大学企业管理研究院制定了《会计控制法》,旨在控制和降低成本,所以又被称为《成本控制法》。"管理科学之父"弗雷德里克·温斯洛·泰勒（Frederick Winslow Taylor）通过对生产作业现场开展动作和时间的物量控制研究,为生产作业活动提出参考标准,并对材料和工时加以控制,制定相应标准,以达到提高劳动生产效率的目的。泰勒对企业内部作业的合理化、规范化研究是西方企业内部物流成本控制的雏形。物流成本控制就以对作业现场的实际研究为基础逐步发展而来。

现代物流成本控制的领域涉及采购、生产、销售、售后服务等企业经营活动的全部领域。在现代企业管理中，物流成本控制就是以物流服务形成的全过程为对象，以改进作业为手段，以降低物流成本为目标，全面提高企业物流管理水平。物流成本控制结合物流服务各阶段的不同性质和特点进行有效的控制，实现物流系统的合理化。它要求企业在物流活动中严格考核以实际成本为基础的物流活动，对照物流成本标准，针对浪费采取措施，以达到不断降低物流成本的目的，实现预定的物流成本目标。物流成本控制占有十分重要的地位，它突破了传统物流成本管理，把物流成本局限为"唯成本而成本"的研究领域，把重心转向企业整体战略这一更为广阔的研究领域。

### 2.2.2 物流成本控制原则

**1. 物流总成本最低原则**

卷烟物流配送中心所涵盖的作业众多，并且形式复杂，但不管以哪种方式归类，最终物流总成本是相等的。但根据划分方法的不同，某部分或某种形式的物流成本会有所不同。采取适当措施降低物流成本主要是看这种变动所引起的物流总成本变动方向。如果物流总成本变小，则该项措施是有利的；反之，物流总成本变大，则该项措施是不利的。在选择措施时一定要坚持物流总成本最小原则，以便成本控制能够有效进行。

**2. 成本与服务同步控制原则**

物流服务水平与物流成本之间是一种非线性的关系：物流成本与服务质量具有一定的内在联系，通常情况下，提供何种物流服务就会产生与之相对应的物流成本，即高服务水平必定伴随高物流成本。当然提供低服务水平不一定伴随低物流成本，因此，物流成本的控制应结合物流服务水平与物流成本两方面来进行控制，控制的重点应是低质量高成本的物流服务。在卷烟物流配送中心提供物流服务时，应做到服务水平与物流成本相一致，在保证同等服务水平的前提下尽可能降低物流成本，而不是要将高服务水平与低物流成本强行联系在一起，这种脱离实际作业的物流成本控制只会适得其反。

**3. 全面控制与重点控制原则**

物流系统是一个全方位的开放系统，具有多功能、多领域、多环节的特点，因此应当遵循全面控制的原则。但这并不表示对物流成本的各个方面都要进行相同程度的控制，要在实施控制前划分好重要程度。在对卷烟物流配送中心的分拣成本进行控制时，必须要根据重要程度、发生的价值量等指标将可控事项分层、归类，实施有重点有差别的控制措施，对重要性低、发生额度小的项目进行简要控制或外包。

### 2.2.3 物流成本控制方法

**1. 作业成本法**

作业成本法应用于物流成本核算的基本原则是：根据"作业耗用资源，产品耗用作业；生产导致作业的产生，作业导致成本的发生"的指导思想，以作业为成本计算对象，首先依据资源动因将资源的成本追踪到作业，形成作业成本，再依据作业动因将作业的成本追踪到单个产品，最终形成产品的成本，其原理如图2.7所示。

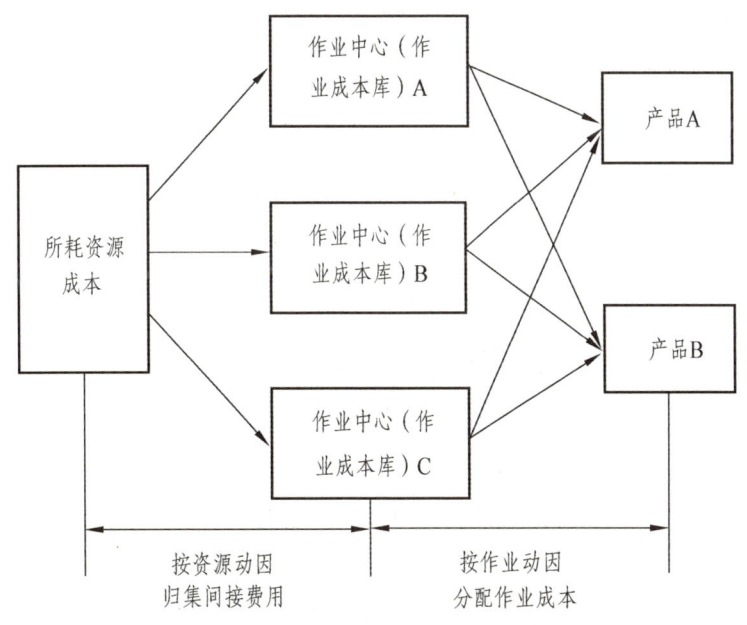

图 2.7  作业成本法的基本原理

具体来说，按照应用作业成本法的基本原理核算企业物流成本并进行管理的基本思路如下：

① 确认各项作业的成本动因；

②对作业进行筛选整合，建立作业中心及作业成本库，确保最后可设计出特定而有效的作业中心；

③依据资源动因，分配资源消耗至作业成本库；

④根据产品对作业的消耗，计算单位成本。

这四个思路概括起来分为四步，如图2.8所示。

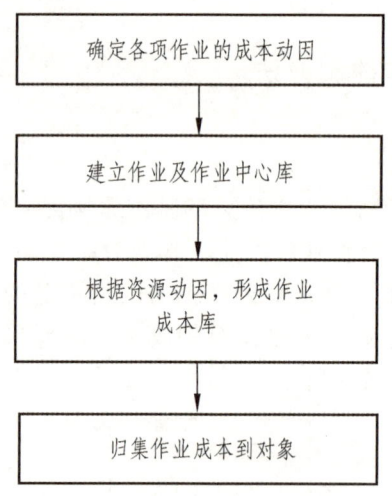

图 2.8　作业成本法核算步骤

作业成本法的引入和逐步完善给企业物流成本管理和计算带来了一场革命，对企业管理将产生深远的影响。

作业成本法通过作业对成本进行归集，能够确认实际运作中的责任，弥补了传统成本计算方法混淆不清的不足，是对传统成本计算方法的改善，在成本分析方面具有一定的优越性。

传统的成本会计计算是资源耗费和成本计算对象之间的一对一的直接联系，而作业成本计算在资源耗费和成本计算对象之间引入了"作业"，以"作业"作为最基本的成本计算对象，作为连接二者之间的桥梁。作业"插足"于资源耗费和成本计算对象之间，提供了多元化分配的平台，使间接费用的多元化分配方式成为可能。同时，作业成本法的多元化分配使得所有成本均成为变动成本，尽管有些成本不随业务量的变动而变动，但却会随着其他成本动因如产量批次、设备调整次数等的变动而变动。

随着物流作业成本管理的使用，可以对物流成本过高的原因进行更明确地认识和分析，并且从中找出可以进行成本控制以降低物流成本的环节，对物流绩效考核及物流服务定价起到很好的指导作用。因为物流也是一种商品，商品则应按照不同的物流成本对象来计算其成本，并据以决定其价格，则"物流产品有价化"就可以实现。

2. 共同配送

共同配送最早在欧美及日本提出，出于提高效率和环境保护的考虑，通过对多个企业的物流资源进行整合，结合不同企业的订单需求，统一安排配送。总的来说，共同配送是指引导商业流通企业、生产加工企业和物流配送企业的运输配送系统进行一定的整合和规划，通过企业间的合作，综合某一区域内多个客户的要求，统筹调度配送资源、配送时间、次数、配送网点、线路和货物，提供多功能增值服务，进行优化组合后的配送。

## 2.3 物流配送优化

### 2.3.1 配送组织优化

配送组织优化主要包括配送组织结构优化、配送流程再造、提高人员专业化水平三个方面。

1. 配送组织结构优化

完善、合理的组织结构是企业运营最重要的条件。配送组织结构调整是优化物流配送的重要基础，具体可以从以下视角开展。

第一，组织架构调整。组织架构是组织中人员在职、责、权方面的结构体系，决定着组织各类资源的配置情况。有效的组织结构必须遵循权利与职责对等原则，避免多头领导，减少组织中冗余机构，提高组织运行效率。

第二，业务沟通机制调整。不仅需要加强配送职能各部门间的内部交流与沟通，而且还要加强配送职能部门与其他相关部门的交流与沟通，提高各部门的业务协作能力。

第三，信息传导机制调整。合理的组织结构可以减少中间环节，有利于加快信息传输速度，提高业务运行效率。

2. 配送流程再造

配送流程再造是业务流程再造的一部分，其核心是通过配送流程再造提高客户满意度，要求组织将先进的信息技术运用于配送业务中，改变或完善现有配送流程，从而实现物流配送在成本、质量和速度等方面的改进。

3. 提高人员专业化水平

第一，提高物流管理人员的专业素养。我国物流业起步较晚，经过多年的发展取得了较大的进步，但是物流管理人员的专业素养仍然参差不齐，面对越来越高的物流业务需求，应当全面提高从业人员的专业技术水平。

第二，提升物流配送人员的服务意识。物流配送人员整体素质较低，业务技能不娴熟，缺乏危机感和竞争意识，客户服务意识有待进一步加强，需要加大对物流配送人员的培训力度，培养出具有较强客户服务意识和创新精神的业务团队。

### 2.3.2 配送要素优化

影响区域物流配送作业的主要要素有客户需求量、配送时间窗、配送周期、商品破损等。

（1）客户需求量的要素优化。

客户的需求量通常存在较大不确定性，特别是在商品质量、口碑、季节、服务态度、个人喜好等条件的影响下，客户对不同商品的需求量差异较大，不同商品的物流配送应当根据实际需求量大小和产品特性差异进行差异化安排。

（2）配送时间窗的要素优化。

在物流配送中，商品运送至客户收货地点的时间是服务质量的重要因素，配送车辆应当于客户约定的时间内准时达到。但受到交通堵塞、配送车辆故障等不可控事件的影响，往往配送车辆无法按照客户约定的时间准时到达，此时，可以将原有约定时间上下延展至一个时间范围，这个配送时间范围成为配送时间窗。

（3）配送周期的要素优化。

对于一般商品而言，处于完全市场竞争环境，配送周期通常是依据客户的需求周期而定，客户的需求是配送周期确定的最主要因素。而有些特殊商品，由于其不存在完全市场竞争，客户对配送周期的谈判能力较弱，只能由商品提供方确定配送周期。

（4）商品破损的要素优化。

物流过程中，商品被多次搬运、装卸，更有甚者，物流配送中可能会出现车辆颠簸等情况，不可避免得存在商品部分或全部破损等状况。商品破损将直接关系到客户的经济利益或商品使用价值的发挥，进而影响客户的满意度，因而，需要在物流配送中尽量减少商品破损；或出现商品破损时及时采取措施，尽量减少客户的损失。

## 2.4 优化与控制方法

### 2.4.1 复杂网络

复杂网络（Complex Network），是指具有自组织、自相似、吸引子、小世界、无标度中部分或全部性质的网络称为复杂网络，这是由钱学森学者给出的较为严格的定义。简而言之，复杂网络即呈现高度复杂性的网络，其复杂性主要表现在以下几个方面：

① 结构复杂：表现在节点数目巨大，网络结构呈现多种不同特征。

② 网络进化：表现在节点或连接的产生与消失。例如网页或链接随时可能出现或断开，导致网络结构不断发生变化。

③ 连接多样性：节点之间的连接权重存在差异，且有可能存在方向性。

④ 动力学复杂性：节点集可能属于非线性动力学系统，例如节点状态随时间发生复杂变化。

⑤ 节点多样性：复杂网络中的节点可以代表任何事物，例如，人际关系构成的复杂网络节点代表单独个体，万维网组成的复杂网络节点可以表示不同网页，卷烟配送网络组成的复杂网络节点可以表示不同的零售客户。

⑥ 多重复杂性融合：即以上多重复杂性相互影响，导致更为难以预料的结果。例如，设计一个电力供应网络需要考虑此网络的进化过程，其进化过程决定网络的拓扑结构。当两个节点之间频繁进行能量传输时，他们之间的连接权重会随之增加，通过不断的学习与记忆逐步改善网络性能。

复杂网络作为当下对巨系统、多层级及多要素系统的有力解决工具，被广泛运用到通信网、供电网、交通运输网、科研合作网、人际关系网等诸多领域的研究中。卷烟配送网络因存在不同属性的物流节点（如配送中心、中转站、零售客户），且区域内物流节点数量众多，其配送路径及配送节点完全可以视为一个复杂网络，用复杂网络理论可对卷烟物流网络特征进行分析，并针对实际运营中出现的一些问题提出建议。

### 2.4.2 合作博弈

合作博弈亦称为正和博弈，是指博弈双方的利益都有所增加，或者至少是一方的利益增加，而另一方的利益不受损害，因而整个社会的利益有所增加的。主要研究人们达成合作时如何分配合作得到的收益，即收益分配问题。合作博弈采取的是一种合作的方式，或者说是一种妥协。妥协之所以能够增进妥协双方的利益以及整个社会的利益，就是因为合作博弈能够产生一种合作剩余。这种剩余就是从这种关系和方式中产生出来的，且以此为限。至于合作剩余在博弈各方之间如何分配，取决于博弈各方的力量对比和技巧运用。因此，妥协必须经过博弈各方的讨价还价，达成共识，进行合作。合作剩余的分配既是妥协的结果，又是达成妥协的条件。

### 2.4.3 Shapley 值法

Shapley 值法的基本原理是当多个主体同时存在以某一经济活动中时，其中的若干个主体组合的每一种形式都会得到一定的效益，当主体间的利益活动呈现出非对抗性时，即使合作中的主体数量的增加也不会引起效益的减少。基于 Shapley 值进行联盟成员的利益分配体现了各盟员对联盟总目标的贡献程度，避免了分配上的平均主义，比任何一种仅按资源投入价值、资源配置效率及将二者相结合的分配方式都更具合理性和公平性，也体现了各盟员相互博弈的过程。

对于利益分配问题，Shapley 值以满足相对直观的公理体系而被广泛认可，属于合作博弈的范畴，是实现多方合作合理利益分配策略的有效途径。即当多个主体同时存在某经济活动中时，其中的若干个主体组合的每一种形式都会得到一定的效益，当主体间的利益活动呈现非对抗性时，合作中的主体数量的增加不会引起效益的减少。

经过学术界和实业界多年的研究和探索，Shapley 值已被广泛运用于研发联盟收益及风险分担、产学研合作利益协调机制、航空物流供应链的收益分配、供应链融资联盟收益分配、农产品可追溯系统利益收益分配、图书馆服务质量因素识别、冷链运输成本分摊或利益分配、水资源跨区转移利益分配、矿产资源开发利益分配、PPP 模式风险分摊等方面的研究，运用领域十分广泛。与其他利益分配方法相比，Shapley 值考虑了联盟内各成员的贡献情况，并且还考虑到每个子联盟的所有可能收益情况，因其不强调成员发挥作用的方式,更为关注成员为联盟整体带来的利益增加值,个体对整体的边际贡献成为利益分配的主要因素,故被大家认为是更为公平合理的利益分配方法。

但是 Shapley 值法的利益分配方案尚未考虑联盟成员对增加联盟整体效益的重要性差异,实质上隐含着各联盟成员在整体效益增加过程中的重要性均等的假定,因此,对于联盟成员体现出的重要性不等或重要性差异较大的状况时,需要根据其重要性差异大小对 Shapley 值法的利益分配方案做出适当的修正。目前主要的修正手段是引入能表征联盟成员在增加联盟整体效益中的重要性因素(即修正因子)对基本 Shapley 值法的分配结果加以修正,得到更加能够体现联盟成员重要程度的分配结果。Shapley 值法属于合作博弈的范畴,利用它进行利益分配应具备的前提条件是要求每个参与人对在不同联盟组合状态下的利益要有一个较为准确的预期,以便于在后期的复杂计算中对各种组合状态下的分配值进行准确计算。

### 2.4.4 共同配送

共同配送分横向和纵向两种配送模式,横向模式以众多形式的同产业和异产业为共同配送基础,纵向模式以生产商与批发商、批发商与零售商等这种流通渠道各环节成员关系为共同配送基础,以下介绍几种比较适合我国物流市场改革的具有代表性的共同配送模式。

#### 1. 同产业横向共同配送模式

该配送模式的合作各方为处于同一产业的生产或经营企业,为了提高物流服务效率,通过配送中心、物流服务中心或中转站等集中运输货物。同产业横向共同配送模式有两种形式:

(1) 合作各方采取互相委托或受托的形式完成共同配送。

当合作企业拥有较为分散的运输资源(如配送车辆、物流中心、中转站等)时,根据运输货物量的多少及配送地区合作各方资源的优劣势,将配送数量较少或配送资源较为缺乏的企业的产品委托给具有优势的企业,而配送数量较多或配送资源较为丰富的企业则在接受其他企业的委托运输的基础上开展统一配送。从而实现了企业相互之间的配送效率化,其具体配送形式如图 2.9 表示。

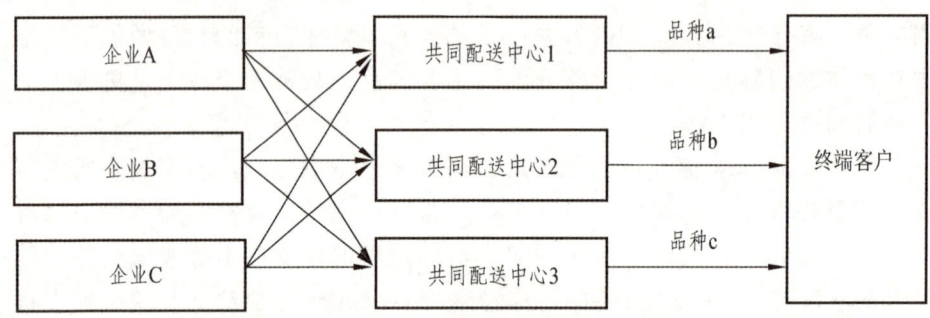

图 2.9　同产业共同配送形式一

（2）合作各方共建物流中心完成共同配送。

这种方式的具体做法是，在开展共同配送之前，各合作企业在货物包装、运输规格等方面实现完全协调或统一，然后共同建立并管理配送中心或中转站等物流服务站点，共同购买运输车辆，各合作企业的所有货物均实现统一经由配送中心开展共同配送，其具体配送形式如图 2.10 所示。

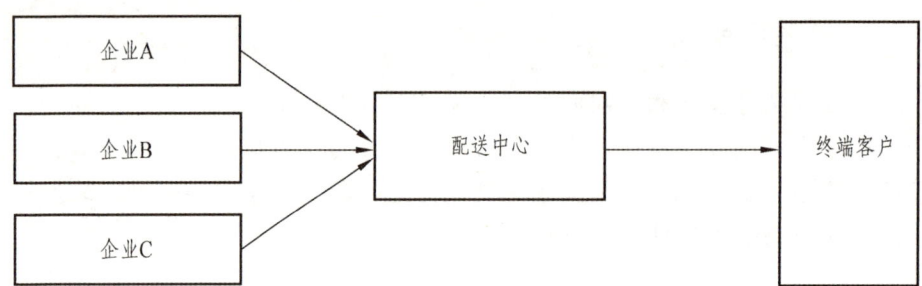

图 2.10　同产业共同配送形式二

上述两种同产业间的共同配送模式均有各自的优劣势，但相比较而言，后一种共同配送的模式更具规模经济，有利于行业的未来业务扩张及长远的发展，但往往也会由此限制各合作企业的物流独立性。

同产业横向共同配送优势：同产业共同配送提高合作各企业的物流效率；同产业共同配送由于可相互使用合作各企业的资源而降低单个企业的固定资产投入；同产业共同配送可降低企业成本，增加客户满意度。

同产业横向共同配送劣势：由于其配送信息的公开化和运输业务的共同化，合作各企业自身有关产品经营的隐私更易泄露或流失，给各企业竞争战略的制定和实施造成不利的影响，降低企业之间的互信度，威胁共同配送模式的未来发展。

## 2. 异产业横向共同配送模式

此种配送模式的合作方式为不同类型的企业实现多种产业相结合的配送方式，其产品配送范围更广、配送种类更多。它是一种通过物流或配送中心将不同种类的产品集结在一起并统一配送给各产品零售终端的运输方式，主要有以下三种具体方式：

（1）以大型连锁企业为主导的共同配送模式（见图2.11）。

具体做法是由特定的批发商或生产商将各个供应商的产品集中起来实现共同管理、统一配送。

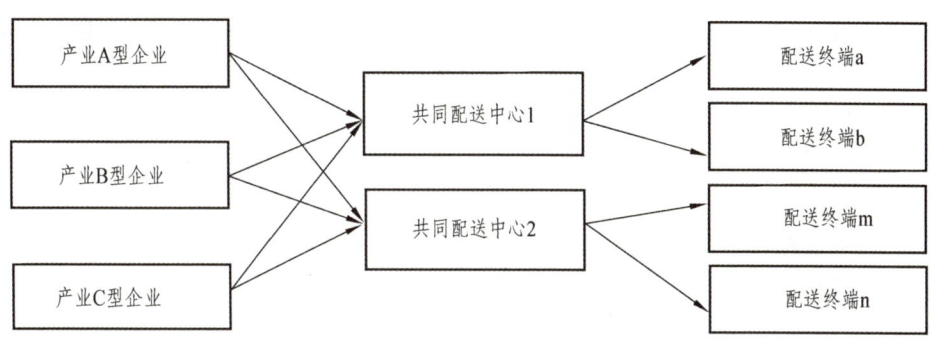

图 2.11　异产业共同配送形式一

（2）以地区中坚企业为主导的共同配送模式（见图2.12）。

地方较为强势的各企业为避免批发企业业务的萎缩，增强与大型连锁企业的抗衡能力，支持地方终端业务的发展，组织建立以不同产业为业务的共同配送中心，对地区范围内的各企业或终端统一运输产品。

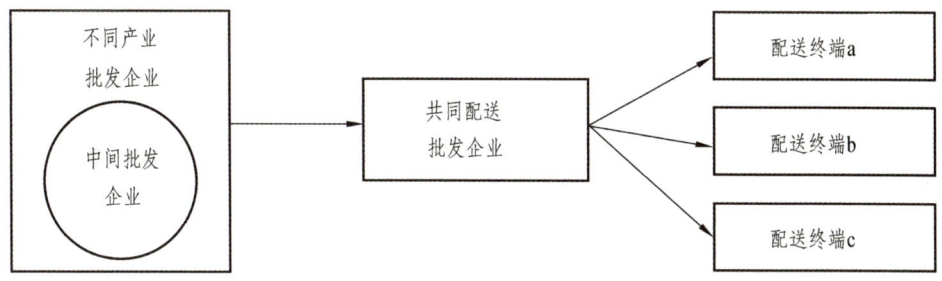

图 2.12　异产业共同配送形式二

（3）生产与批发企业相结合的共同配送模式（见图2.13）。

此种模式通常服务于多频次、小批量需求的共同运输，它通过相关的批发商和生产商等共同出资建立配送中心，统一管理进行共同配送。

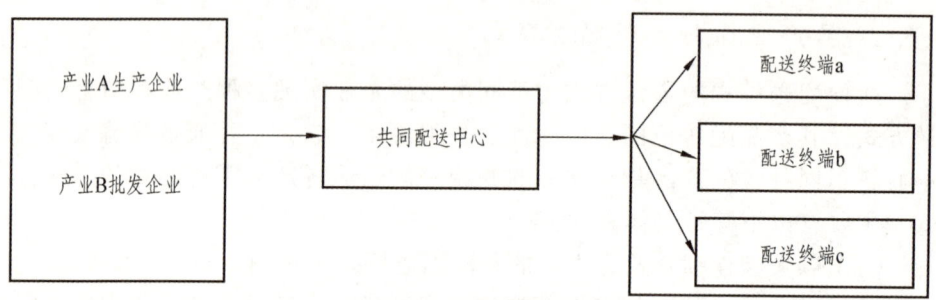

图 2.13　异产业共同配送形式三

上述三种方式均为异产业间的共同配送模式类型，其在配送流程、方式及原理上基本相似，唯一明显的区别在于组织共同配送的主导企业不同，在重点的配送对象及实施共同配送的目的方面也有一定的差别。

异产业横向共同配送优势：实现不同产业之间的优势互补；保证物流运行的效率化；减少企业间泄密的可能性。

异产业横向共同配送劣势：异产业横向共同配送由于参与企业类型的不同，不易制定较为明确的责任分担及利益分摊机制，增加企业间的谈判成本。

### 3. 共同集配模式

此种配送模式是以物流行业的大型企业为主导的合作型共同配送模式，对于多生产和销售终端企业来讲，类似于委托配送形式。其具体的实施方法是各批发企业或参与合作各企业将产品统一委托给专业或大型的运输企业，产品集中后，再将所聚集产品分别运往各终端客户。

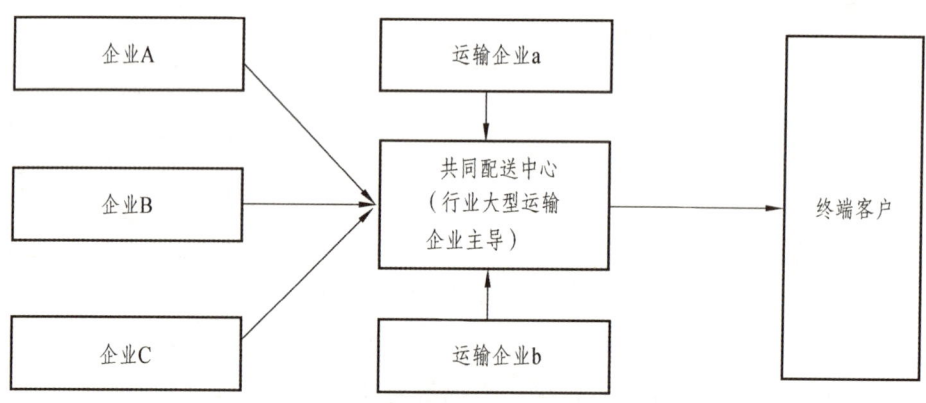

图 2.14　异产业共同配送形式四

### 4. 纵向共同配送模式

纵向共同配送模式是指以整个产业供应链各环节的成员关系为基础,从供应链的角度对纵向物流渠道的功能进行整合和完善,共同建立物流中心来集结产品并实现共同配送。此种做法的目的就是提高物流效率、缩短物流渠道、降低物流成本。参与纵向共同配送的各成员企业必须摸清整个供应链的物流特点,足够了解上下游成员企业的物流信息,拥有高效的物流管理信息系统。一般来讲,纵向共同配送模式针对的是双边关系,如供应商与制造商、批发商与生产商、零售商与批发商等之间的关系。

纵向共同配送模式与横向模式的不同点在于,前者主要是从在供应链的角度,以配送渠道中上下游不同阶段参与企业的共同化;后者是以同一配送地点为前提,建立各企业之间不同层次的共同配送物流。

# 第3章

# 卷烟分拣作业成本核算

卷烟配送中心分拣成本核算及控制首先需要核算实际运行中的分拣成本,将实际值与标准值相比较,找出问题存在的原因,进而采取切实可行的控制措施,达到分拣成本控制的目的。

进行卷烟配送中心分拣成本核算,需要建立适合于卷烟分拣流程及特点的核算模型。本章立足于国内卷烟分拣系统应用现状,对目前最常用的电子标签和半自动分拣系统及其作业流程进行梳理和对比,总结其成本特点;接着对物流成本性态通用成本核算模型进行改进,建立了适合卷烟配送中心分拣成本核算的计算模型。

## 3.1 国内卷烟分拣特点

目前,我国许多卷烟配送中心采用电子标签分拣系统。这类系统适用于分拣量不大、分拣效率要求不高的配送中心。以重庆市烟草专卖局(公司)为例,其物流分公司充分考虑配送区域及低投入与高效率之间的关系,建成1个公司4个配送中心(即江北配送中心、万州配送中心、涪陵配送中心、黔江配送中心)的"一司四库"运行模式,形成年分拣量达100多万箱左右、覆盖39个区县8万平方公里的近13万客户的现代物流体系。湖北省武汉市卷烟物流配送中心使用电子标签分拣新技术,在补货作业引入AGV补货小车,降低了设备的运行成本,同时大大提高了分拣效率。

随着配送中心卷烟配送点的增多、配货响应时间的缩短、分拣需求的增加以及服务质量的提高,国内一些卷烟物流配送中心开始采用另一类分拣系统,即半自动或自动分拣系统。

半自动条烟分拣系统适用于分拣效率要求较高且分拣数量较大的配送中心，这类分拣系统比较适合我国现阶段的实际应用情况，是针对条烟自动分拣开发的（基本上实现无人操作，但是补货环节需要由人工进行）。浙江省嘉兴市卷烟配送中心拥有半自动立式条烟分拣线 4 条，该分拣系统配备的条烟半自动立式分拣机能够根据营销订单自动生成的工作任务进行分拣，具有性能稳定、差错率低、效率高、损烟率低、劳动强度小等优点，可承担 2 000 多户卷烟零售商的分拣工作。宁夏回族自治区银川市卷烟物流配送中心使用的是 2 条塔式半自动分拣线；广西壮族自治区南宁市卷烟配送中心使用 2 条半自动分拣线，包含有通道式和立式条烟半自动分拣机各一台；广东省深圳市卷烟配送中心使用了 5 条立式半自动分拣线来完成分拣工作。

全自动条烟分拣系统的自动化程度很高，从补货、分拣工序至订单包装基本实现设备自动化作业。这种分拣系统的特点是通过计算机控制系统，叉车自动从仓库中对应货位取出件烟，经由自动开箱设备完成开箱后进入分拣补货区域，之后分拣机按照订单数据进行分拣、打码、包装等作业，分拣流程完全实现全自动化。上海市海烟物流配送中心采用了全自动分拣系统，分拣过程全部由计算机系统进行控制。首先从自动化仓库中取出需要进行补货的件烟，然后运送到分拣准备区域由自动开箱机完成开箱，接着由传送带将条烟运送到暂存滑道。接着，补货机器人将条烟送到流水线进行全自动分拣。但这种全自动分拣设备构造复杂，中国还未能进行设备的自我开发和生产。

### 3.1.1 电子标签分拣系统及成本特征

#### 1. 电子标签卷烟分拣系统

电子标签分拣系统（Digital Picking System，DPS）是目前在国内应用较早且较为广泛的卷烟分拣系统。一般说来，卷烟物流配送中心的电子标签分拣系统包括电子标签显示货架、控制系统、订单信息处理计算机系统、订单输送系统和包装平台等。电子标签分拣系统工作过程为控制系统将订单数据传到电子显示器，分拣人员根据提示完成该品种对应数量卷烟拣选后按下"确认"键即可，完成分拣的卷烟由自动传输系统输送到打码系统及包装区域，将订单单独包装贴上标识后完成分拣任务。该系统的应用，可简化作业过程，降低劳动强度，提高工作效率，提高拣货正确率同时，可减少拣货人员的需求数量，加快新手的熟练进度。

目前使用的电子标签分拣线如图 3.1 所示，其拣选的差错率在万分之二以下。该分拣系统可以实现分拣中心的无纸化作业，比较方便分拣人员操作，比人工分拣有更高的分拣效率。但是由于分拣作业仍然是人工作业，分拣工人劳动强度较大，整个分拣系统的分拣效率与分拣人员的熟练程度和疲劳程度有较大关系，分拣效率仍然受到一定程度的限制。分拣能力通常为到 6 000~9 000 条/小时。

图 3.1　电子标签分拣线

### 2. 分拣流程

在日本和韩国，电子标签已成为大多数物流配送中心的标准配置。我国的许多卷烟物流配送中心也采用了电子标签分拣系统，它能够适应多品种、小批量、高频率的分拣作业要求，相对于传统分拣方式提高了物流配送效率，基本实现无纸化分拣，降低了配送成本，提高了客户服务水平。

电子标签卷烟分拣系统大大提高了分拣效率，克服了传统分拣方式的许多缺点。电子标签分拣系统流程如图 3.2 所示。

### 3. 成本特征

电子标签分拣系统中分拣设备的结构简单，维修维护成本不高。在分拣过程中分拣设备只起辅助作用，补货人员完成补货后，分拣活动还是依赖于人工完成。该分拣系统具有投资少、易操作、效率较高等特点，比较适应中小配送中心的分拣需要。因此，利用电子标签分拣系统对分拣人员的熟练程度要求较高。长期进行分拣作业造成的人员疲劳也会影响系统的分拣效率。

电子标签分拣系统能够帮助卷烟配送中心实现内部管理无纸化，因此，比起人工分拣的材料耗费少一些。结合现代化的管理信息系统，整个配送中心的管理成本也得到有效的控制。

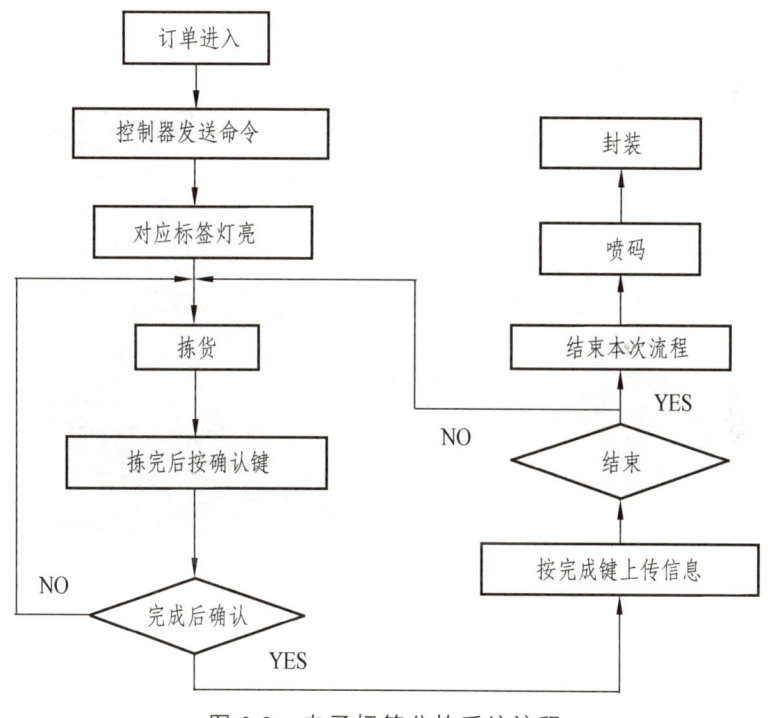

图 3.2　电子标签分拣系统流程

## 3.1.2　半自动卷烟分拣系统及成本特征

### 1. 半自动卷烟分拣系统

半自动卷烟分拣系统（Semi-automatic Picking System，缩写为 SPS）由计算机分拣管理系统、计算机监控系统、PLC 控制系统、分拣执行设备等子系统等组成。从实现工艺流程可上划分为件烟缓存辅助补货系统、订单自动分拣处理系统、订单自动喷码系统、自动包装（塑膜、装箱）系统等子系统组成。其实现的功能有设备辅助补货、客户订单自动分拣、客户订单自动喷（打）码、客户订单自动包装（塑膜、装箱），其核心过程是分拣自动化。它是分拣自动化和人工补货的有机结合，适用于分拣数量较大、分拣效率要求较高的企业。

这种分拣模式的设备涉及分拣机（目前应用最广的是塔式条烟半自动分拣机）、输送装置、喷码系统、包装设备等。这些设备组成一条半自动的分拣线，需要作业人员 5~7 人。图 3.3 是目前常用的塔式烟条半自动分拣机，它由放置烟条的货架、烟条自动拨头及其自动输送设备等组成。其系统分拣能力可达 8 000 ~ 12 000 条/小时。

图 3.3　半自动分拣线

塔式条烟半自动分拣机差错率小于十万分之二。通常情况下，同品牌、同规格的卷烟码放在一个货格内，但也有分拣量稍大的品牌和规格占用多个货格的情况，具体需要根据卷烟零售商提交的订单结构来决定。条烟拨料器按订单将烟条拨出到输送带上，当该特定品种的卷烟拨出数量达到该订单数量后，条烟拨料器自动停止，等待下一个订单数据的输入。

具体来讲，半自动卷烟分拣系统具有如下优点：

（1）实现分拣系统与仓管系统的无缝连接，有利于整个物流中心信息化技术的提升，为整个物流的规范管理打下基础；最大化规范人工补货过程，降低人工补货劳动强度，提高人工补货的准确性。

（2）实现客户订单的自动分拣，保证客户订单的准确性，有利于提高分拣效率，降低劳动强度，提高物流中心的管理水平和提高物流中心企业形象，增强企业品牌，提高物流中心对客户的信誉度，巩固市场竞争地位。

（3）实现分拣作业过程的在线监控，为生产的安全和管理以及设备的最大化利用提供基础条件。

（4）实现分拣车间的盘点管理，为整个物流中心仓库管理的完整性提供数据接口；最大化的优化生产现场作业规范，提高生产现场的参观性和整洁性。

2. 分拣流程

半自动卷烟分拣系统适用于分拣数量较大、分拣效率要求较高的企业。它是利用计算机信息处理技术、自动控制技术与自动化设备相配合，关键作业完全由分拣机自动完成，将烟条按照订单拣选出来的拣选方式。半自动卷烟分拣系统流程如图3.4所示。

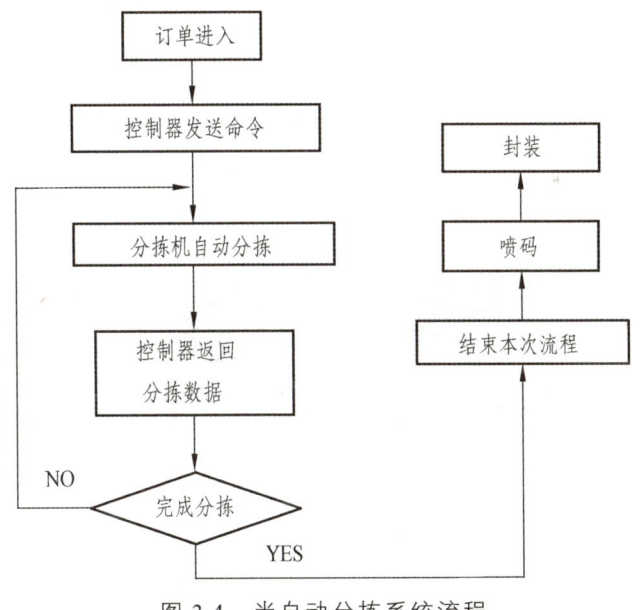

图3.4 半自动分拣系统流程

3. 成本特征

半自动卷烟分拣系统是分拣自动化和人工补货的有机结合，比较适合分拣量大、分拣效率要求较高的配送中心。该系统设备投资较大，补货人员完成补货后，分拣设备可以自动完成分拣，但对分拣系统的维护保养以及控制人员技术水平要求较高。

能够帮助卷烟配送中心实现内部管理无纸化，因此，比起人工分拣的材料耗费少一些。结合现代化的管理信息系统，整个配送中心的管理成本也得到有效的控制。

## 3.2 卷烟分拣作业分析

简单来看，分拣作业就是根据顾客的要求，迅速、准确地将货物从其储位拣取出来，并按照一定的方式进行分类、集中，等待配装送货的作业过程，它是进行运输、配送前的准备工作。

分拣作业非常重要，其所扮演的角色相当于计算机系统的 CPU，空调系统的压缩机，它是整个配送作业系统的核心。根据美国对物流成本的数据统计，物流成本约占商品最终销售成本的 30%，其中包括分拣、运输、装卸、堆码、储存、信息处理、退货处理等成本项目，一般来讲，分拣成本约是装卸、堆码、储存、信息处理、退货处理等成本总和的 2 倍。单是分拣这一项就占物流总成本的 40%。因此若要降低物流成本，从分拣成本控制着手可以事半功倍。配送中心的作业环节比例、作业成本比例以及人力资源比例分别如图 3.5、图 3.6、图 3.7 所示。

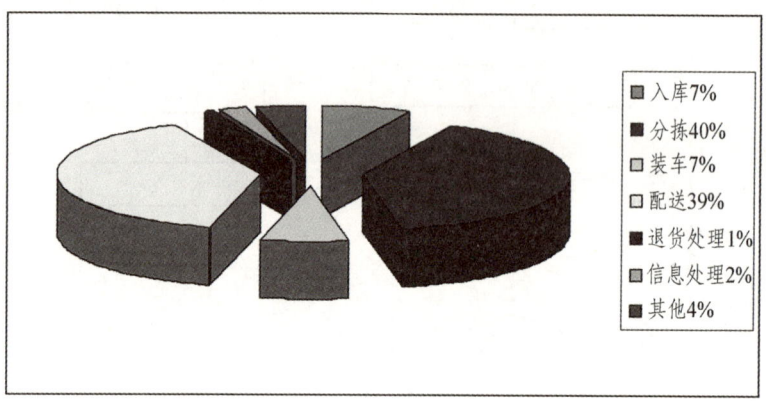

图 3.5 配送中心作业环节比例

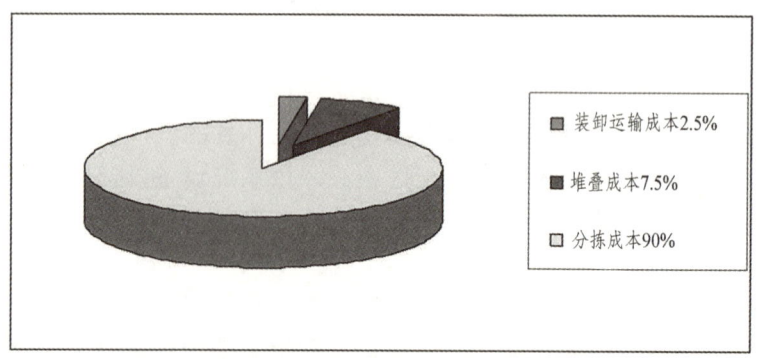

图 3.6 配送中心作业成本比例

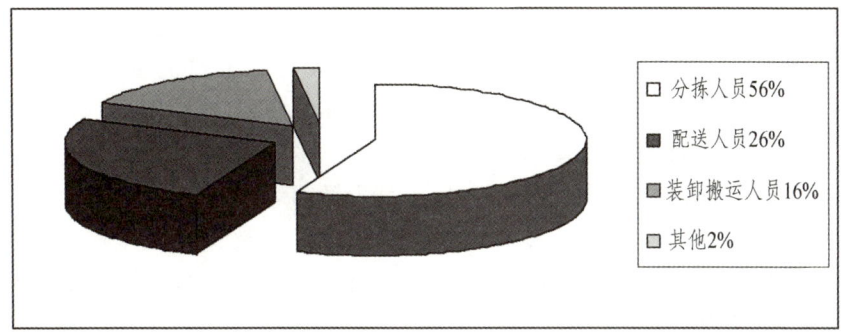

图 3.7 配送中心人力资源比例

目前国内大多数的物流配送中心对人力需求量大,仍然属于劳动密集型产业,其中与分拣作业直接相关的人力更占到 50%以上,且分拣作业的时间投入也占到整个物流中心的 30%~40%,由此可见,分拣作业的效率直接影响着配送中心的作业效率和经济效益,也直接影响着配送中心的服务水平。

按分拣作业的手段不同,可以将其分为人工分拣、电子标签分拣、半自动分拣和全自动分拣四大类。

(1)人工分拣基本上是靠人力搬运,把所需的货物分门别类地送到指定的地点,或利用最简单的器具和手推车等,这种分拣方式劳动强度大,效率最低。

(2)电子标签分拣是以机械为主要输送工具,还要靠人工进行拣选,这种分拣方式用得最多的是输送机。这种方式是用设备在地面上的输送机传送货物,在各分拣位置配置的作业人员看到标签、色标、编号等分拣的标志,便进行拣选(把货物取出),再放到手边简易传送带或场地上。这种分拣方式投资不多,可以减轻劳动强度,提高分拣效率。

(3)半自动分拣是指利用计算机信息处理技术、自动控制技术与自动化设备相配合,非关键工序使用作业人员,按照一定订单要求进行拣选的方式。它是分拣自动化和人工补货的有机结合,既可以最大化的规范人工补货的过程,又能够降低人工补货劳动强度,提高人工补货的准确性。半自动分拣的关键分拣过程采用半自动分拣设备进行,我国有能力进行这类设备的研发和生产,因此购置价格远低于全自动分拣设备,且维修保养也比较方便。

(4)自动分拣是从货物进入分拣系统到指定的暂存位置为止,都是按照人们的指令靠自动装置来完成的。这种装置是由接收分拣指示信息的控制装置、计算机网络、搬运装置（负责把到达分拣位置的货物搬运送到别处的装置）、分置装置（负责在分拣位置把货物进行分送的装置）、缓冲站（在分拣位置临时存放货物的储存装置）等构成。所以，除了用终端的键盘、鼠标或其他方式向控制装置输入分拣指示信息的作业外，由于全部采用自动控制作业，分拣处理能力较大，分拣分类数量也较大。我国自动分拣技术起步较晚，缺少技术创新能力，设备都从国外直接进口，维修保养成本很高，并且这种分拣方式一次性投入资金量巨大，因此目前国内使用自动分拣系统的卷烟配送中心较少。

目前，国内除了部分小型超市配送中心仍然依靠人工分拣外，其余的配送中心一般都采用电子标签或半自动分拣模式。

### 3.2.1　卷烟分拣流程

分拣作业需要根据顾客的要求，迅速、准确地将货物从其储位拣取出来，并按照一定的方式进行分类、集中，等待配装送货的作业过程，它是进行运输、配送前的准备工作。根据美国对物流成本的数据统计，在对物流成本的结构分析中发现分拣作业所占比重占到了 40%，因此，分拣作业效率对配送中心的作业效率和服务水平具有决定性的影响。

通常卷烟分拣基本单位可分为托盘、件及条三种。一般而言，在工业生产企业运送卷烟至卷烟配送中心时以托盘计量；从仓库中取出件烟以补充卷烟分拣品种和数量时使用托盘。托盘的体积和重量最大，其次为件，最小单位为条。通过对多家（郑州、济南、聊城、潍坊、嘉兴、重庆、昆明、兰州、邯郸、银川等）卷烟物流配送中心的卷烟订单进行分析，从订货量上可以看出，一般情况下卷烟零售商整件卷烟的订货量和条烟的订货量比例大约为 1∶9，如图 3.8 所示。由于我国烟草行业实行专卖管理，各级烟草专卖局对卷烟零售商订货量也采取一定的限制措施，使得卷烟订单的订货单位集中为条。因此本书将条确定为卷烟的分拣单位。

分拣作业的基本流程：

（1）分拣前准备。

分拣作业开始前，首先要处理分拣指示信息。虽然有时分拣作业可以根据顾客的订单或公司的交货单直接进行拣货，但这些原始分拣资料在分拣过程中容易受到污染，从而造成分拣错误率上升。所以随着配送中心信息化水平的提高，目前大多数配送中心的分拣作业都是根据订单处理系统输出的分拣单进行分拣。

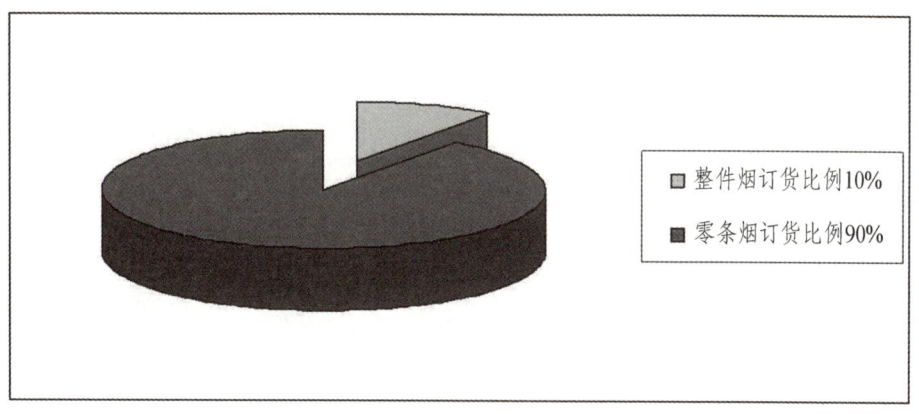

图 3.8　整件与条烟订货比例

同时还需要对分拣所用到的机械设备运行状况、货品是否充足等情况进行查看，分拣人员及时就位，确保分拣活动能够顺利进行。

（2）补货上架。

分拣机上必须保证分拣物品种类和数量的充裕，以便分拣活动能够流畅的进行。目前除了全自动分拣模式可以实现机械自动补货外，其余分拣模式均需要专门的补货人员进行操作。补货人员根据计算机控制指令向相应货架补货辅助分拣的进行。

（3）分拣到户。

在分拣准备工作完毕的情况下，根据计算机控制信息发出的订单数据进行逐户分拣，分拣完成后将每户货物分开存放并运送至指定地点进行后续作业。

（4）分拣后辅助作业。

分拣后辅助作业包括对条烟进行喷码、订单封装、打印标签、放入笼车暂存等待装运、打印相应的表单等工作内容，这些是分拣到户结束后必不可少的工作环节。只有做好这一系列的工作才能够保证货物配送顺利、有序地进行。

分拣作业流程如图 3.9 所示。

卷烟配送中心分拣系统的分拣环节作业流程按照其发生的时间先后顺序可依次分为分拣前准备、补货上架、分拣到户、分拣后辅助作业四个环节，如表 3.1 所示。

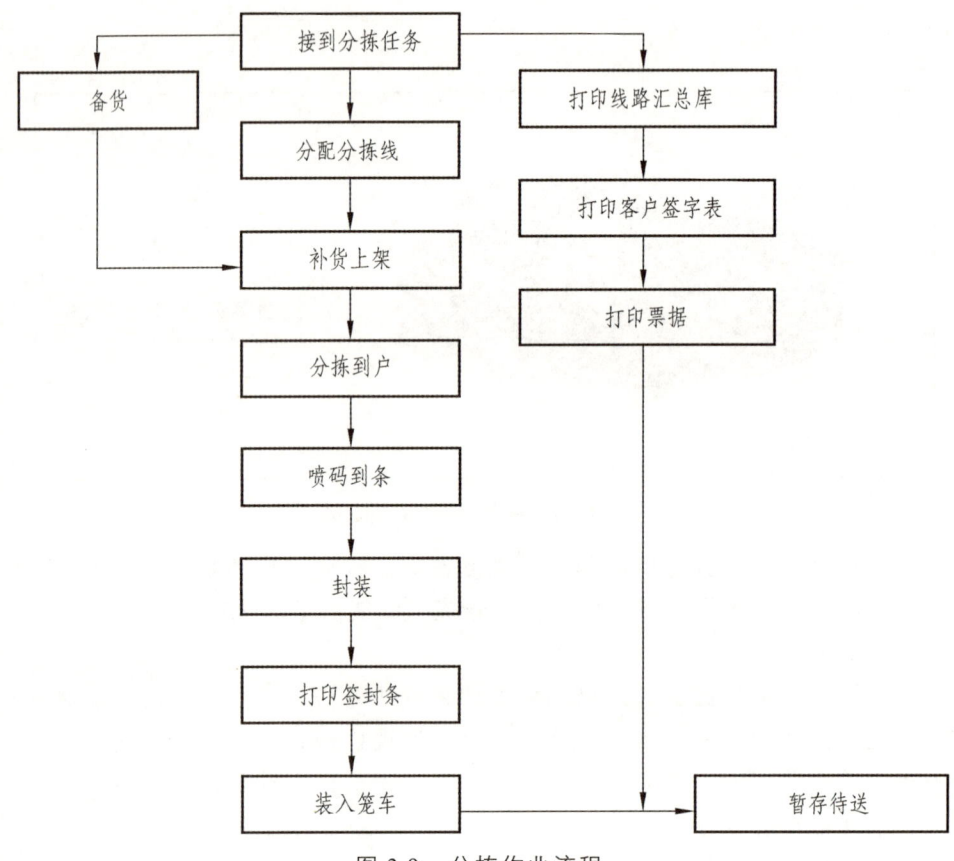

图 3.9　分拣作业流程

表 3.1　分拣作业内容

| 作业名称 | 作业项目 | 作业描述 |
|---|---|---|
| 分拣前准备 | 接到分拣任务 | 接受订单信息，形成分拣指令 |
|  | 分配到分拣线 | 按线路将分拣指令传递到分拣机 |
|  | 备货 | 根据收到的指令，从零烟区向分拣设备区备货 |
| 补货上架 | 补货上架 | 根据分拣补货指令向分拣货架补货 |
| 分拣到户 | 分拣到户 | 根据订单数据执行分拣，并将卷烟放至传送带 |
| 分拣后辅助作业 | 喷码到条 | 通过自动喷码机在每条卷烟上喷印件码信息、条码信息、客户信息 |
|  | 封装 | 以零售客户为单位对卷烟进行整封包装 |
|  | 打印标签 | 以客户为单位，按包装顺序打印标签，并贴到包装膜上 |

续表

| 作业名称 | 作业项目 | 作业描述 |
| --- | --- | --- |
| 分拣后辅助作业 | 装入笼车 | 将封装卷烟按顺序装入笼车 |
| | 暂存 | 将已装笼车挂上线路牌运至暂存区,并准备待装笼车 |
| | 打印线路汇总单 | 根据指令打印线路汇总单 |
| | 打印客户签字表 | 根据指令打印客户收货确认签字单 |
| | 打印票据 | 根据指令打印客户购货发票 |
| | 配票 | 按线路配好汇总单、客户签字单、发票,送达送货部 |

### 3.2.2 卷烟分拣成本构成

分拣成本是指分拣工人和分拣设备在完成货物分拣这一过程中所发生的各种费用总和。卷烟物流配送中心的分拣成本主要包括设备折旧成本、设备维修维护成本、人员成本、场地占用成本、耗材成本、运行能源成本、管理成本、出错风险成本及其他成本。

（1）设备折旧成本。

在分拣系统建立之初一次性投入的用于设备购置、安装、运行调试等费用总和就是该分拣系统的设备成本。该成本采用一次性投资的方式,可以长期使用。因此,设备折旧成本则是在分拣设备的使用年限内,按照一定的方法对其设备购置费用进行分摊,以对资产价值下降或使用成本支出做出解释,即根据设备购置成本和设备折旧年限得到的设备每使用一年所摊销的费用。

（2）设备维修维护成本。

设备维修维护成本是指在设备在运行过程中发生的维修维护以及保养成本。按照实际作业情况,将设备的维修维护分为设备委外检修、固定维修和日常维修三种方式,分拣环节设备维修维护成本是以上三种方式的费用总和。通常情况下,该成本与设备固定成本成正比。

卷烟分拣系统的设备投资中成本差别较大的是电子标签分拣机和半自动分拣机,这也是各个分拣系统成本差别的主要原因。其余设备投资可以看作一个固定值,与选取哪种类型的分拣系统关系不大,故本书的设备折旧成本和维修维护成本只考虑分拣机的费用。

（3）人工成本。

分拣系统的人工成本指的是从事分拣相关作业的工作人员的工资、奖金等费用的总和。按照实际运行特点，分拣环节通常由正式员工和外聘员工组成。正式员工主要安排在技术要求相对较高的岗位，如控制台操作人员，而外聘员工一般安排在劳动强度较大或只需要重复作业的岗位，如补货人员、理货人员、辅助包装人员、码垛人员以及部分分拣人员。因此，分拣环节人工成本由正式员工和外聘员工两部分成本组成。

不同类型分拣机的选取对于补货人员、理货人员、辅助包装人员、码垛人员以及控制台人员的数量影响不大，主要是影响分拣人员的数量，这是由电子标签和半自动分拣模式的分拣原理不同造成的。卷烟分拣系统人工成本可以分为两部分：一部分为与分拣机选取关系较大的分拣人工成本，一部分为与分拣机选取关系不大的后续工序及控制操作人工成本。

对于不同的地区经济水平和时间范畴，人力成本单价是不一样的，而本书是对同一个卷烟物流配送中心进行讨论，该配送中心既有电子标签分拣又有半自动分拣，同时也排除了人力成本的地区差异和时间引起的物价差异。

（4）场地占用成本。

通常情况下，分拣系统的场地占用分为两类：一类是与分拣模式无关的，如控制台、打码机、包装机和人员操作等所占用的场地面积，比较固定，与分拣设备的选取无关；另一类是与分拣设备选取有关的，即分拣机的占地面积。不同分拣模式的占地面积差异主要体现在分拣机。本书只将分拣机的场地占用成本记入场地占用成本，且按照单位时间进行换算以租金的方式记入分拣成本中。

（5）耗材成本。

耗材成本是指在整个分拣流程中所需要用到的材料成本总和。在分拣完成后需要用热塑膜进行包装，然后在包装外贴上与该包装有关的订单客户信息，最后打印客户签收单，故在这个过程中会用到 PE 膜、标签纸、打印纸等耗材，这些耗材都与分拣模式无关。因此本书在讨论电子标签和半自动分拣模式分拣成本时将两种分拣模式的耗材成本视为相当。

（6）运行能源成本。

运行能源成本是指带动不同分拣系统中各个设备运行的能源消耗费用总和。分拣环节设备运行能源主要依靠电力资源，因此设备运行能源成本主要是指设备对电力资源的消耗。

不同分拣模式下每条分拣线所配备的辅助设备，如输送皮带、打码机、控制台、自动包装机的数量和功率相当，主要运行能源成本差别体现在分拣机上。电子标签分拣机和半自动分拣机的能耗差别较大，因此，本书的能源运行成本只考虑分拣机的能耗成本。

（7）管理成本。

管理成本是指对分拣过程进行控制和管理的成本，本书中管理成本主要是指管理人员的人力成本。它与分拣过程中用人数量成正比：用人数量多时管理成本高，反之，用人数量少时管理成本则低。

（8）出错风险成本。

出错风险成本与在分拣过程中出现分拣差错的概率有关。通常情况下，人工作业会因为作业疲劳等原因产生人为的分拣差错，机器作业只会在设备故障时出现分拣差错。

（9）其他成本。

本书中未涉及的其他成本（如卷烟破损成本、纠错成本）与分拣模式无关，或是成本总量较小，不足以影响分拣成本的测算。因此，本书对该成本忽略不计。

## 3.3 卷烟分拣成本核算模型

通过对电子标签分拣系统和半自动分拣系统作业流程的比较，发现其分拣流程中最主要的差异在于：电子标签分拣模式是人工完成分拣，设备只是辅助分拣人员进行分拣作业；半自动分拣模式是分拣设备自动完成分拣。因此，两种分拣模式下分拣成本差异最大的是分拣设备成本和分拣人工成本。

### 3.3.1 成本核算模型

把企业的物流作业成本分为物流变动成本、物流作业成本（及长期变动成本）和物流固定成本三种形态。物流变动成本类似于传统管理会计中的变动成本，物流变动成本总额随有关物流量成正比例变动，而单位变动成本在一定的范围内保持不变。

假设某物流流程提供 $i(i=1,2,\cdots,I)$ 种服务，该项业务流程总变动成本为 $A$，则 $A=\sum_{i=1}^{I}b_i x_i$，其中，$b_i$ 为 $i$ 服务单位变动成本，$x_i$ 为 $i$ 服务的数量。物流作业成本是以作业为分配间接费用的基准，它随着作业量变动而正比例变动，并持续作用于两个作业间隔期间的成本。假设某项物流业务流程中有 $j(j=1,2,\cdots,J)$ 项作业，该流程作业成本总额为 $B$，则 $B=\sum_{i=1}^{I}\sum_{j=1}^{J}d_j y_{ij}$，其中，$d_j$ 为 $j$ 作业的单位作业成本，$y_{ij}$ 为 $i$ 服务消耗 $j$ 作业的数量。

物流固定成本是指在相关范围内不随数量基础和作业基础的成本动因量变化，相对稳定不变的成本，假设某物流业务流程的固定成本总额为 $C$。

经过以上分析可以得出某物流业务流程通用成本性态模型，设总成本为 $T$，则有

$$T=A+B+C=\sum_{i=1}^{I}b_i x_i+\sum_{i=1}^{I}\sum_{J=1}^{J}d_j y_{ij}+C$$

### 3.3.2 模型细化

在上一部分中应用作业成本法的成本性态原则建立了物流业务流程的通用成本性态模型，该模型仅能反映业务流程完成成本对象（物流服务）的总体成本构成，从中还必须将以上业务流程通用成本性态模型进行细化。

#### 1. 一级细化

假设某物流业务流程在一特定的期间内消耗了 $m(m=1,2,\cdots,M)$ 种资源，流程由 $j(j=1,2,\cdots,J)$ 项作业构成，并有 $i(i=1,2,\cdots,I)$ 种物流服务输出，则该物流流程所提供的物流服务成本模型细分如下：

资源成本矩阵 $S=(s_1,s_2,\cdots,s_M)^T$，其中，$\sum_{m=1}^{M}s_m=T$，$T$ 为总成本。

资源动因总量矩阵 $E=(e_1,e_2,\cdots,e_M)^T$，其中 $e_m$ 为 $s_m$ 的动因量，$m=1,2,\cdots,M$。

资源动因矩阵 $F=[f]_{J\times M}$

式中，$f_{11}+f_{21}+\cdots+f_{J1}=e_1, f_{12}+f_{22}+\cdots+f_{J2}=e_2,\cdots,f_{1M}+f_{2M}+\cdots+f_{JM}=e_M$。

其中，$f_{jm}$ 为物流流程中第 $j$ 项作业消耗第 $m$ 中资源的动因量。

物流流程作业消耗资源的比例矩阵可写为：

$$F'=\left[\frac{f}{e_m}\right]_{J\times M}$$

式中，$\dfrac{f_{jm}}{e_m}$ 表示第 $j$ 项作业消耗第 $m$ 中资源的比例。

物流流程中所有的作业成本矩阵为：

$$C_1 = F'S$$

物流流程中所有作业动因总量矩阵为 $H = (h_1, h_2, \cdots, h_J)^T$，作业动因矩阵 $G = [g]_{I \times J}$。

式中，$g_{11} + g_{21} + \cdots + g_{I1} = h_1, g_{12} + g_{22} + \cdots + g_{I2} = h_2, \cdots, g_{1J} + g_{2J} + \cdots + g_{IJ} = h_J$

其中，$g_{ij}$ 为第 $i$ 项物流服务消耗第 $j$ 项作业的动因量。

物流流程中所有的作业成本矩阵为：

$$G' = \left[\dfrac{g}{h_j}\right]_{I \times J}$$

$\dfrac{g_{ij}}{h_j}$ 表示为第 $i$ 项物流服务消耗第 $j$ 项作业的比例，最终计算出物流服务的成本矩阵为：

$$C_2 = G'C_1 = G'F'S$$

**2. 二级细化**

在一级细化的基础上，二级细化将物流业务流程所消耗的各项资源按照成本性态进一步细分为资源变动成本、作业长期变动成本、作业固定成本，最终计算出物流业务流程中物流服务的变动成本、长期变动成本、固定成本。下面讨论具体的计算过程。

（1）在物流业务流程中，所有的作业按照流程成本性态划分的资源动因比例进行计算。

① 确定资源动因的总量矩阵。

资源变动成本的动因总量矩阵 $E' = (e_1', e_2', \cdots, e_M')^T$

资源长期变动成本的动因总量矩阵 $E'' = (e_1'', e_2'', \cdots, e_M'')^T$

资源固定成本的动因总量矩阵 $E''' = (e_1''', e_2''', \cdots, e_M''')^T$

式中，$e_1' + e_1'' + e_1''' = e_1, e_2' + e_2'' + e_2''' = e_2, \cdots, e_M' + e_M'' + e_M''' = e_M$。

② 确定资源动因矩阵。

资源变动成本动因矩阵 $F_1 = [f']_{J \times M}$

式中，$f_{11}' + f_{21}' + \cdots + f_{J1}' = e_1', f_{12}' + f_{22}' + \cdots + f_{J2}' = e_2', \cdots, f_{1M}' + f_{2M}' + \cdots + f_{JM}' = e_M'$。

$f'_{jm}$ 为流程中第 $j$ 项作业消耗第 $m$ 种变动资源的动因。

资源长期变动成本矩阵 $F_2 = [f'']_{J \times M}$

式中，$f''_{11} + f''_{21} + \cdots + f''_{J1} = e''_1, f''_{12} + f''_{22} + \cdots + f''_{J2} = e''_2, \cdots, f''_{1M} + f''_{2M} + \cdots + f''_{JM} = e''_M$；$f''_{jm}$ 为流程中第 $j$ 项作业消耗第 $m$ 种长期变动资源的动因。

资源固定成本动因矩阵 $F_3 = [f''']_{J \times M}$

式中，$f'''_{11} + f'''_{21} + \cdots + f'''_{J1} = e'''_1, f'''_{12} + f'''_{22} + \cdots + f'''_{J2} = e'''_2, \cdots, f'''_{1M} + f'''_{2M} + \cdots + f'''_{JM} = e'''_M$。

$f'''_{jm}$ 为流程中第 $j$ 项作业消耗第 $m$ 种固定资源的动因。

③ 计算物流业务流程中所有作业按流程成本性态划分的资源动因比例矩阵，可分为变动成本资源动因比例矩阵、长期变动成本资源动因比例矩阵、固定成本资源动因比例矩阵，它们分别用 $F'_1 = \left[\dfrac{f'}{e'_m}\right]_{J \times M}, F'_2 = \left[\dfrac{f''}{e''_m}\right]_{J \times M}$ 和

$F'_3 = \left[\dfrac{f'''}{e'''_m}\right]_{J \times M}$ 表示。

（2）物流业务流程中作业成本构成矩阵计算。

作业变动成本矩阵、作业长期变动成本矩阵、作业固定成本矩阵分别为：

$$C'_1 = F'_1 S, C''_1 = F'_2 S, C'''_1 = F'_3 S$$

（3）业务流程所提供物流服务成本构成矩阵计算。

物流服务变动成本矩阵为 $C'_2 = G'C'_1 = G'F'_1 S$

物流服务长期变动成本矩阵为 $C''_2 = G'C''_1 = G'F'_2 S$

物流服务固定成本矩阵为 $C'''_2 = G'C'''_1 = G'F'_3 S$

式中，$C_2 = C'_2 + C''_2 + C'''_2$。

3. 企业物流业务流程通用成本性态模型细化分析

（1）经过一级细化后，可以得到如下的物流流程成本分析结果：

① 物流流程中任一作业消耗资源的成本。

由 $C_1 = FS$ 中的 $\left(\dfrac{f_{jm}}{e_m}\right) s_m$，可以计算出物流业务流程中任一作业 $j$ 消耗第 $m$ 项资源的成本。

② 物流流程中物流服务消耗资源的成本。

由 $C_2''' = G'C_1''' = G'F_3'S$ 中的 $\sum_{j=1}^{J}\left[\left(\dfrac{g_{ij}}{h_j}\right)\left(\dfrac{f_{jm}'''}{e_m'''}\right)s_m\right]$ 可计算出物流业务流程中物流服务 $i$ 消耗第 $m$ 项资源的成本。

（2）经过二级细化以后，可以得到如下的物流流程成本分析结果：

① 物流流程中任一作业消耗的按流程成本性态分类的资源成本。

由 $C_1' = F_1'S$ 中的 $\left(\dfrac{f_{jm}'}{e_m'}\right)s_m$ 可计算出物流业务流程中任一作业 $j$ 消耗第 $m$ 项资源的变动成本；由 $C_1'' = F_2'S$ 中的 $\left(\dfrac{f_{jm}''}{e_m''}\right)s_m$ 可计算出物流业务流程中任一服务作业 $j$ 消耗第 $m$ 项资源的长期变动成本；由 $C_1''' = F_3'S$ 中的 $\left(\dfrac{f_{jm}'''}{e_m'''}\right)s_m$ 可计算出物流业务流程中任一作业 $j$ 消耗第 $m$ 项资源的固定成本。

② 物流流程中任一服务消耗的按流程成本性态分类的资源成本。

由 $C_2' = G'C_1' = G'F_1'S$ 中的 $\sum_{j=1}^{J}\left[\left(\dfrac{g_{ij}}{h_j}\right)\left(\dfrac{f_{jm}'}{e_m'}\right)s_m\right]$ 可计算出物流业务流程中服务 $i$ 消耗第 $m$ 项资源的变动成本，由 $C_2'' = G'C_1'' = G'F_2'S$ 中的 $\sum_{j=1}^{J}\left[\left(\dfrac{g_{ij}}{h_j}\right)\left(\dfrac{f_{jm}''}{e_m''}\right)s_m\right]$ 可计算出物流业务流程中服务 $i$ 消耗第 $m$ 项资源的长期变动成本，由 $C_2''' = G'C_1''' = G'F_3'S$ 中的 $\sum_{j=1}^{J}\left[\left(\dfrac{g_{ij}}{h_j}\right)\left(\dfrac{f_{jm}'''}{e_m'''}\right)s_m\right]$ 可计算出物流业务中服务 $i$ 消耗第 $m$ 项资源的固定成本。

物流流程成本性态通用成本模型是以作业成本法为指导而建立起来的。在资源耗费和成本计算对象之间引入了"作业"，作为连接二者之间的桥梁，使间接费用能够进行多元化分配，而有些成本不随业务量的变动而变动，但却会随着其他成本动因如产量批次、设备调整次数等的变动而变动也成为"变动成本"参与成本在作业间的分配。这样将物流活动中的间接费用和辅助资源准确地分配到物流作业活动中，能够摒弃传统成本核算方法的不足，使计算结果能接近与实际情况。

物流流程成本性态通用成本模型计算结果能够较好地反应实际成本，将卷烟物流配送中心分拣作业引入其中能够计算出较为真实的成本状况，是进行有效分拣成本控制的前提。

### 3.3.3 卷烟分拣成本核算

针对卷烟物流配送中分拣作业特点,将物流流程成本性态通用成本模型加以改进可以建立了适合卷烟配送中心分拣成本核算的计算模型。

卷烟物流配送中心的分拣成本主要包括设备折旧成本、设备维修维护成本、人工成本、场地占用成本、耗材成本、运行能源成本、管理成本。通过对通用成本模型的改进,可以得到单条卷烟分拣环节设备维修维护成本、人工成本、耗材成本、设备运行能源成本。

(1)单条烟分拣环节设备折旧成本。

单条烟分拣环节设备折旧成本由分拣环节设备折旧费用,结合分拣作业量组成,其计算公式为:

$$Md = \sum_{i=1}^{n}\left[\frac{(a_i - b_i)/k_i}{q}\right]$$

式中,$Md$——单条烟分拣环节设备折旧成本,单位为元/条;
$a_i$——分拣设备资产原值,单位为元;
$b_i$——固定资产净残值,单位为元;
$k_i$——分拣设备折旧年限,单位为年;
$q$——分拣作业总量,单位为条;
$n$——分拣设备资产类别。

(2)单条烟分拣环节设备维修维护成本。

单条烟分拣环节设备维修维护成本由设备委外检修费用、固定维修费用和日常维修费用组成,其计算公式为:

$$Pr = \sum_{i=1}^{n_1}(\frac{a_i \times ap_i}{q_i} \times \beta_i) + \sum_{i=1}^{n_2}(\frac{f_i \times fp_i}{q_i} \times \beta_i) + \sum_{i=1}^{n_3}(\frac{o_i \times \omega_i}{q_i} \times \beta_i)$$

式中,$Pr$——单条烟分拣环节设备维修维护成本,单位为元/条;
$n_1$——分拣环节各种固定委外检修(年检)设备检修(年检)设备;
$a_i$——分拣环节各种固定委外检修(年检)设备检修(年检)次数;
$ap_i$——分拣环节各种固定委外检修(年检)设备检修(年检)单价;
$n_2$——分拣环节固定维修设备;
$f_i$——分拣环节各种设备固定维修项目;

$fp_i$——分拣环节各种设备固定维修项目单价;

$n_3$——分拣环节日常维修设备;

$o_i$——分拣环节日常维修设备资产价值;

$\omega_i$——分拣环节日常维修设备日常维护维修系数;

$\beta_i$——分拣环节各岗位作业量与分拣作业量的比例;

$q_i$——分拣环节各作业单元作业量。

按照实际作业情况,将设备的维修维护分为设备委外检修、固定维修和日常维修三种方式,分拣环节设备维修维护成本是以上三种方式的费用总和。

(3)单条烟分拣环节人工成本。

① 单条烟分拣环节人工成本由正式员工和外聘员工两部分成本组成,其计算公式为:

$$Ph = Pl + Ps$$

式中,$Ph$——单条烟分拣环节人工费用,单位为元/条;

$Pl$——单条分拣环节正式人员人工费用,单位为元/条;

$Ps$——单条分拣环节外聘人员人工费用,单位为元/条。

② 单条烟分拣环节正式人员人工费用。

单条烟分拣环节正式人员人工费用由分拣环节正式人员各岗位人数和平均工资以及环节作业量、环节作业量比例组成,其计算公式为:

$$Pl = \sum_{i=1}^{n}(\frac{l_i \times n_1}{q} \times \beta)$$

式中,$Sl$——单条烟分拣环节正式人员人工费用,单位为元/条;

$n$——分拣环节正式人员各岗位;

$n_1$——分拣环节正式人员各岗位人数;

$l_i$——分拣环节正式人员各岗位平均工资,单位为元/人;

$q$——分拣环节正式人员各岗位作业量,单位为条;

$\beta$——分拣环节正式人员各岗位作业量与分拣环节作业量比例。

③ 单条烟分拣环节外聘人员人工费用定额。

单条烟分拣环节外聘人员人工费用定额由分拣环节外聘人员总人数,结合作业效率以及岗位作业效率、环节作业量比例组成,其计算公式为:

$$Ps = \sum_{i=1}^{n} \left( h_i \times \frac{1}{Pe_i} \times \beta_i \right)$$

式中，$Ps$——单条烟分拣环节外聘人员人工费用定额，单位为元/条；
$h_i$——分拣环节外聘人员工时工资，单位为元/小时；
$Pe_i$——分拣环节外聘人员作业效率，单位为条/小时；
$\beta_i$——分拣环节外聘人员各岗位作业量与分拣环节作业量比例；
$n$——分拣环节外聘人员各岗位人工。

（4）单条烟分拣环节耗材成本。

单条烟耗材成本由分拣环节各生产性耗材单条消耗，结合耗材使用岗位作业量与分拣作业量比例组成，其计算公式为：

$$Pc_2 = \sum_{i=1}^{n} (c_i \times p_i \times \beta_i)$$

式中，$Pc_2$——单条烟分拣环节耗材成本，单位为元/条；
$c_i$——分拣环节各种直接耗材消耗标准；
$p_i$——分拣环节各品种直接耗材单价；
$\beta_i$——分拣环节各岗位作业量与分拣作业量的比例；
$n$——分拣环节各种类直接耗材。

（5）单条烟分拣环节运行能源成本。

单条烟分拣环节运行能源成本由分拣环节各设备运行单条能耗，结合设备作业量占分拣作业量比例组成，其计算公式为：

$$Pc_1 = \sum_{i=1}^{n} (c_i \times p_i \times \beta_i)$$

式中，$Pc_1$——单条烟分拣环节运行能源成本，单位为元/条；
$\beta_i$——分拣环节各岗位作业量与分拣作业量的比例；
$c_i$——分拣环节各设备能耗标准，单位为度/条；
$p_i$——能耗单价，单位为元/度；
$n$——分拣环节各能耗设备。

对分拣设备能耗的统计包括设备耗电单元、耗电功率、使用属性、使用系数指标。使用属性即指设备在运行期间耗电单元是否连续使用或间断使用；使用系数即指设备在运行期间耗电单元工作时间比率，可通过测试或设备配置指标予与确定。

# 第4章

# 不同分拣模式下卷烟分拣成本核算与控制

## 4.1 不同分拣模式的分拣成本对比分析

对于分拣模式，电子标签和半自动分拣模式是目前运用最广泛的两种卷烟物流配送中心分拣模式。其核心过程是按照客户订单的要求将卷烟进行分拣。从补货、分拣、喷码、包装等分拣基本工艺过程上看，这两种模式都需要运用现代信息技术进行分拣数据收集与处理，通过计算机自动控制技术下达分拣指令。而半自动分拣和电子标签分拣模式的核心区别是半自动分拣的分拣过程是自动化，电子标签分拣模式不能脱离拣货人员，不能进行自动分拣。本书主要从以下几方面讨论电子标签和半自动分拣模式分拣成本的差异。

（1）设备折旧成本。

参考目前市场情况，一条电子标签分拣线的市场价为 50 万元，可以连续使用 5 年；一条半自动分拣线的市场价为 150 万元，可正常使用 10 年。计算各自的折旧年限可得，电子标签分拣线折旧成本为 10 万元/年，而半自动分拣线的折旧成本为 15 万/年。

在本书中将设备折旧成本定义为：在分拣设备的使用年限内，按照一定的方法对其设备购置费用进行分摊，以对资产价值下降或使用成本支出做出解释。

（2）设备维修维护成本。

第二章分拣成本分析中提到本书的设备折旧成本和维修维护成本只考虑分拣机的成本。电子标签分拣机的故障日常维护可能要换电子显示器，而半自动分拣机的日常维护则是要换电机，电机成本高于电子显示器的成本，因此，就维修维护成本而言，半自动分拣机要高一些。

按照实际作业情况，将设备的维修维护分为设备委外检修、固定维修和日常维修三种方式，分拣环节设备维修维护成本是以上三种方式的费用总和。

（3）人工成本。

卷烟分拣系统人工成本可以分为两部分：一部分为和分拣机选取关系较大的分拣人工成本，一部分为和分拣机选取关系不大的后续工序及控制操作人工成本。

对一条固定的卷烟分拣系统来说，理货、辅助包装、堆码及控制台人员的数量也是相对确定的，受分拣机选取的类型影响不大；分拣机选取的不同主要影响到分拣人员的数量，这是由电子标签和半自动分拣模式的分拣原理不同造成的。本书只考虑参与分拣人员的成本，排除包装辅助人员和理货人员的成本影响。

国内卷烟物流配送中心的一条电子标签分拣线用12~14人，而一条半自动的分拣线仅需要作业人员5~7人。最主要的人员差异在于电子标签分拣系统需要专门的分拣人员，而半自动分拣系统只需要补货人员按时补货，设备可以根据计算机控制指令进行自动分拣。

按照实际运行特点，分拣环节通常由正式员工和外聘员工组成。正式员工主要安排在技术要求相对较高的岗位，如控制台操作，而外聘员工一般安排在劳动强度较大或只需要重复作业的岗位，如补货人员和分拣人员。因此，分拣环节人工成本由正式员工和外聘员工两部分成本组成。

对于不同的地区经济水平和时间范畴，人力成本单价是不一样的，而本书是对同一个卷烟配送中心进行讨论，该配送中心既有电子标签分拣又有半自动分拣，同时也排除了人力成本的地区差异和时间引起的物价差异。

（4）场地占用成本。

通常情况下，控制台、打码机、包装机和人员操作所占用的场地面积比较固定，与分拣设备的选取无关，不同分拣模式的占地面积差异主要体现在分拣机。电子标签分拣机的占地面积为92平方米，而半自动分拣机的占地面积为74平方米。本书将分拣机的场地占用成本以租金的方式记入分拣成本中。

（5）耗材成本。

耗材成本是指在整个分拣流程中所需要用到的直接材料成本总和。在分拣完成后需要用热塑膜（即PE膜）对单个订单进行独立包装，然后在包装外贴上与该包装有关的订单客户信息，最后打印客户签收单，故在这个过程中会用到PE膜、标签纸、打印纸等耗材。

对于不同的卷烟配送中心分拣环节的耗材有所差异。如秦皇岛卷烟配送中心分拣环节的主要耗材有PE膜、封口胶、碳带，昆明市卷烟配送中心主要耗材为清洗剂、油墨、溶剂、塑料包装袋。

在本书中，分拣环节中所涉及的耗材主要是指分拣后辅助作业环节所用到的PE膜、标签纸、打印纸等包装耗材，这些耗材都与分拣模式无关。因此本书在讨论电子标签和半自动分拣模式分拣成本时将两种分拣模式的耗材成本视为相当。

（6）运行能源成本。

不同分拣模式下每条分拣线所配备的辅助设备，如输送皮带、打码机、控制台、自动包装机的数量和功率相当，主要运行能源成本差别体现在分拣机上。一台电子标签分拣机的功率为 20 kW，而一台半自动分拣机的功率为 70 kW，故本书的能源运行成本只考虑不同分拣模式下分拣机的能耗成本。分拣环节设备运行能源主要依靠电力资源，因此设备运行能源成本主要是指设备对电力资源的消耗。

（7）管理成本。

管理成本是指对分拣过程进行控制和管理的成本。它与分拣过程中用人数量成正比：用人数量多时管理成本高，反之，用人数量少时管理成本则低。电子标签分拣系统所用人员明显大于半自动分拣系统所用的人员数量，管理成本会在后面的核算成本模型中分摊到相应的分拣系统中。

（8）出错风险成本。

出错风险成本与在分拣过程中出现分拣差错的概率有关。通常情况下，人工作业会因为作业疲劳等原因产生人为的分拣差错，机器作业只会在设备故障时出现分拣差错。电子标签拣选的差错率在万分之二以下，半自动拣选差错率在二十万分之一以下，出错率小，故本书暂不考虑出错风险成本。

卷烟物流配送中心的分拣成本由设备折旧成本、设备维修维护成本、人工成本、场地占用成本、耗材成本、运行能源成本、管理成本、出错风险成本构成，不同卷烟分拣模式的各项成本有所不同，以一条分拣线使用两种卷烟分拣模式列出了各项成本比较如表4.1所示。

表 4.1 两种卷烟分拣模式的分拣成本比较

| 成本项目 | 电子标签 | 半自动 |
| --- | --- | --- |
| 购置成本 | 50 万 | 150 万 |
| 折旧年限 | 5 年 | 10 年 |
| 分拣人员数量 | 12~14 人 | 5~7 人 |
| 运行能源成本 | 20 kW | 70 kW |
| 维修维护成本 | 低 | 高 |
| 耗材成本 | 相当 | 相当 |
| 管理成本 | 高 | 低 |
| 场地占用成本 | 高 | 低 |
| 出错风险率 | ≤1/100 000 | ≤1/200 000 |

## 4.2 卷烟分拣成本核算

现代化卷烟物流分拣系统的建设，是卷烟物流配送中心建设的关键。其目标是为了更好地提高对客户的服务质量、提高物流中心的管理水平、降低成本、提高人均劳动生产率和减轻人工劳动强度等。卷烟物流配送中心作业流程包括卷烟的入库、搬运、储存、库存管理、出库、补货、订单分拣、发货、配送等过程，其中订单分拣是整个过程中的核心，也是最复杂的过程。在充分利用现代计算机信息管理技术的基础上，仓库管理系统、分拣系统是卷烟物流配送中心实现卷烟从入库到配送全过程的数字化管理必不可少的两个子系统，对上实现与国家"一号工程"对接（烟草行业国家"一号工程"即烟草行业卷烟生产经营决策管理系统，是烟草行业近年来最大的一个信息化工程项目，是一个覆盖全行业的、遍布全国各地的大型广域网络管理平台），对下实现客户订单准确分拣和打码到户的管理，从而为烟草行业的专卖管理提供有利的技术支持。

### 4.2.1 分拣作业基本情况

配送中心是从供应者手中接受多种、大量的货物，并从事集货、加工、分拣、配货和组织对用户的送货，以高水平实现销售或供应的现代化流通设施。本节是以一个卷烟物流配送中心为研究对象，在 2010 年 6 月至 2011

年9月进行调研的成果。调研方法以数据、资料收集为主，调查访谈和现场观察为辅。调研结束后所形成的调研报告也得到了该卷烟配送中心的确认。出于商业保密的考虑，本书将对所研究的企业进行一定伪饰，简称为A市卷烟配送中心。

烟草配送中心是典型的流通型仓库，卷烟品种多、送货量大，这对配送中心的分拣作业提出了更高要求。A市卷烟配送中心目前服务的客户是2100家卷烟经营户，全年卷烟分拣量约24万箱。

该中心卷烟仓库是一个三层货架的平库，共1 857个货位，按照每个货位放置一个托盘，一个托盘摆放30件烟计算，可储存卷烟1.1万大箱，能够满足年销量24万箱统一储存的要求。完全符合国家局《烟草行业"十一五"期间卷烟物流配送中心建设的意见》的有关规定，能够满足该市烟草未来5年的发展需求。

中心充分利用A市良好的交通状况及城乡一体化建设成果，把服务地区划分为五个大片区：半径约20千米范围以内或到中心"单趟"车程半小时之内的城镇为一个大片区，实行一天两次的送货模式；剩下的地域分成四个大片区，实行一天一次的送货模式。实行"当日订单、当日分拣、隔日送货"的新型配送模式，由51条送货线负责对全市3 915平方千米范围内的2 100个卷烟零售户直接送货，实现了高效率运转、低成本运营的工作要求。

A市卷烟配送中心占地40 000平方米（60亩），总建筑面积15 600平方米，总投资8 000万元，2008年以前一直采用电子标签分拣模式，2008年开始启动新建成的卷烟配送中心，中心配备了电子标签和半自动两种分拣设备。

A市卷烟配送中心主体建筑分为行政综合楼、仓储分拣楼以及配送车库、运动场等区域。目前该配送中心设综合部、储配部、送货部、财务部四个部门（其中管理层3人，综合部11人，储配部60人，送货部109人，财务部9人，共192人）。

该中心拥有4条半自动条烟分拣线，每条半自动分拣线有综合管理员3人，补货员4人；2条电子标签分拣线，每条电子标签分拣线有综合管理员2人，补货员6人，分拣员6人；分拣系统控制员及其他人员5人。

### 4.2.2 作业成本核算

以2010年A市卷烟物流配送中心实际情况为依据，分拣作业中心分为四项基本作业，其资源耗费和成本动因分析如表4.2所示。

表 4.2 分拣作业中心资源及成本动因分析

| 作业名称 | 作业项目 | 资源耗费 | 成本动因 |
| --- | --- | --- | --- |
| 分拣前准备 | 接到分拣任务 | 厂房设备、人力资源 | 准备次数 |
| | 分配到分拣线 | 厂房设备、人力资源 | |
| | 备货 | 厂房设备、人力资源 | |
| 补货上架 | 补货上架 | 人力资源 | 人工工时 |
| 分拣到户 | 分拣到户 | 厂房设备、人力资源、动力资源 | 人工工时 |
| 分拣后辅助作业 | 喷码到条 | 厂房设备、材料资源 | 人工工时 |
| | 封装 | 厂房设备、材料资源 | |
| | 打印标签 | 厂房设备、材料资源 | |
| | 装入笼车 | 厂房设备、人力资源 | |
| | 打印线路汇总单 | 厂房设备、材料资源 | |
| | 打印客户签字表 | 厂房设备、材料资源 | |
| | 打印票据 | 厂房设备、材料资源 | |

分拣成本分配框架如图 4.1 所示，说明了 A 市卷烟配送中心分拣系统所涉及的资源耗费情况。图右侧是四项作业，图的左边是成本因素，从成本要素出发的箭头指向这四项作业表示分拣成本是如何分配给这四项作业的。

分别对电子标签和半自动分拣模式下的一条分拣线进行作业数据统计，实际作业数据如表 4.3 所示。

表 4.3 两种分拣模式作业数据统计

| 项 | 目 | 电子标签分拣 | 半自动分拣 |
| --- | --- | --- | --- |
| | 年分拣量（条） | 104 620 000 | 153 860 000 |
| 直接材料 | PE 膜（吨） | 3.5 | 5 |
| | 打印纸（箱） | 200 | 295 |
| | 标签纸（卷） | 270 | 397 |
| 作业人员（人） | 长期 | 2 | 3 |
| | 短期 | 12 | 4 |
| | 维修维护费用（元） | 50 000 | 80 000 |
| | 设备购置成本（万元） | 50 | 150 |
| | 折旧年限（年） | 5 | 10 |
| | 设备占地面积（M²） | 92 | 74 |
| | 用电量（度） | 66 040 | 105 130 |
| | 管理人员（人） | 5 | |

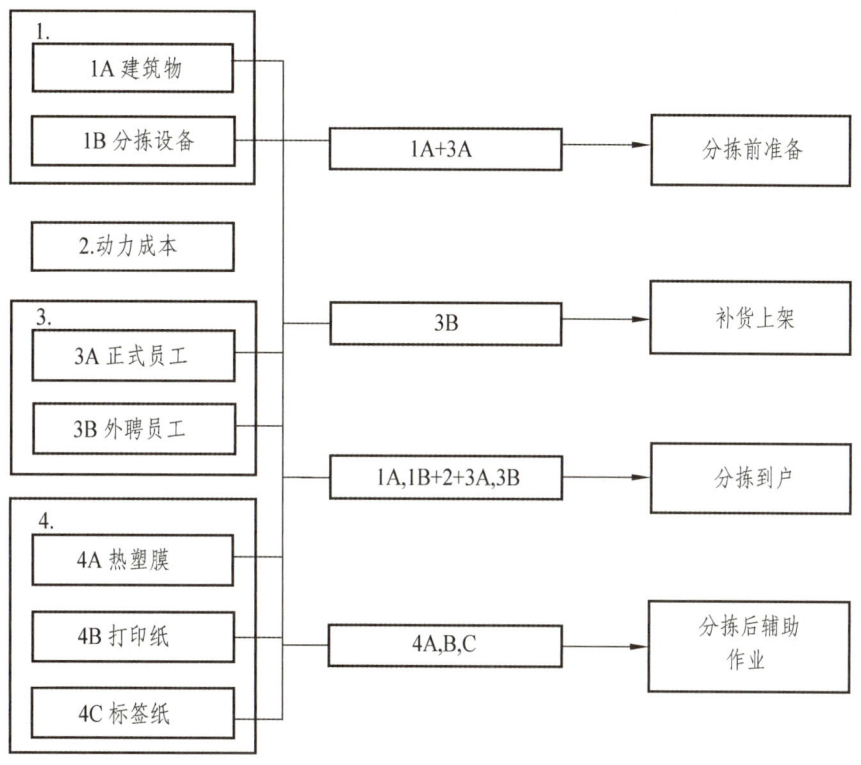

图 4.1 分拣成本分配框架

## 1. 一级细化

以 2011 年 A 市卷烟物流配送中心实际情况为依据，该配送中心分拣作业中心消耗了四种资源，分别是机器设备折旧与维修维护成本、能源运行成本、人力成本、耗材成本；整个分拣作业中心由四项作业构成，分别是分拣前准备、补货上架、分拣到户、分拣后辅助作业；四项作业完成后分拣流程结束，按照该流程将分拣作业中心作业成本细分如下：

$$m = 4$$
$$j = 4$$
$$i = 2$$

资源成本矩阵 $S = (s_1, s_2, s_3, s_4)^T$，其中，$\sum_{m=1}^{4} s_m = T$，$T$ 为总成本。

资源动因总量矩阵 $E = (e_1, e_2, e_3, e_4)^T$

其中，$e_m$ 为 $s_m$ 的动因量，$m=1,2,3,4$。

$$资源动因矩阵\ F = \begin{pmatrix} f_{11} & f_{12} & f_{13} & f_{14} \\ f_{21} & f_{22} & f_{23} & f_{24} \\ f_{31} & f_{32} & f_{33} & f_{34} \\ f_{41} & f_{42} & f_{43} & f_{44} \end{pmatrix}$$

式中，$f_{11} + f_{21} + f_{31} + f_{41} = e_1$

$f_{12} + f_{22} + f_{32} + f_{42} = e_2$

$f_{13} + f_{23} + f_{33} + f_{43} = e_3$

$f_{14} + f_{24} + f_{34} + f_{44} = e_4$

其中，$f_{jm}$ 为物流流程中第 $j$ 项作业消耗第 $m$ 中资源的动因量。

分拣前准备、补货上架、分拣到户、分拣后辅助作业这四项作业消耗资源的比例矩阵可写为：

$$F' = \begin{pmatrix} \dfrac{f_{11}}{e_1} & \dfrac{f_{12}}{e_2} & \dfrac{f_{13}}{e_3} & \dfrac{f_{14}}{e_4} \\ \dfrac{f_{21}}{e_1} & \dfrac{f_{22}}{e_2} & \dfrac{f_{23}}{e_3} & \dfrac{f_{24}}{e_4} \\ \dfrac{f_{31}}{e_1} & \dfrac{f_{32}}{e_2} & \dfrac{f_{33}}{e_3} & \dfrac{f_{34}}{e_4} \\ \dfrac{f_{41}}{e_1} & \dfrac{f_{42}}{e_2} & \dfrac{f_{43}}{e_3} & \dfrac{f_{44}}{e_4} \end{pmatrix}$$

式中，$\dfrac{f_{jm}}{e_m}$ 表示第 $j$ 项作业消耗第 $m$ 种资源的比例。

分拣作业中心库中所有的作业成本矩阵：

$$C_1 = F'S$$

分拣作业中心库中所有作业动因总量矩阵 $H = (h_1, h_2, h_3, h_4)^\mathrm{T}$

$$作业动因矩阵\ G = \begin{pmatrix} g_{11} & g_{12} & g_{13} & g_{14} \\ g_{21} & g_{22} & g_{23} & g_{24} \end{pmatrix}。$$

式中，$g_{11} + g_{21} = h_1$

$g_{12} + g_{22} = h_2$

$g_{13} + g_{23} = h_3$

$g_{14} + g_{24} = h_4$

其中，$g_{ij}$为第$i$种分拣模式消耗第$j$项作业的动因量。

分拣作业中心库中所有的作业成本矩阵：

$$G' = \begin{pmatrix} \dfrac{g_{11}}{h_1} & \dfrac{g_{12}}{h_1} & \dfrac{g_{13}}{h_1} & \dfrac{g_{14}}{h_1} \\ \dfrac{g_{21}}{h_2} & \dfrac{g_{22}}{h_2} & \dfrac{g_{23}}{h_2} & \dfrac{g_{24}}{h_2} \end{pmatrix}$$

$\dfrac{g_{ij}}{h_j}$表示为第$i$项分拣模式消耗第$j$项作业的比例，最终计算出分拣前准备、补货上架、分拣到户、分拣后辅助作业四项作业的成本矩阵可以表示为$C_2 = G'C_1 = G'F'S$。

## 2. 二级细化

将四项作业所消耗的机械设备折旧与维修维护成本、能源运行成本、人力成本、耗材成本四种资源按照成本性态进一步细分为资源变动成本、作业长期变动成本、作业固定成本，最终计算出分拣环节作业流程中各分拣模式的变动成本、长期变动成本、固定成本。下面讨论作业成本的具体计算过程。

（1）在分拣环节作业流程中，划分的四项作业按照流程成本性态划分的资源动因比例进行计算。

① 确定资源动因的总量矩阵。

资源变动成本的动因总量矩阵：$E' = (e'_1, e'_2, e'_3, e'_4)^{\mathrm{T}}$；

资源长期变动成本的动因总量矩阵：$E^* = (e^*_1, e^*_2, e^*_3, e^*_4)^{\mathrm{T}}$；

资源固定成本的动因总量矩阵：$E'' = (e''_1, e''_2, e''_3, e''_4)^{\mathrm{T}}$。

式中，$e'_1 + e^*_1 + e''_1 = e_1$

$e'_2 + e^*_2 + e''_2 = e_2$

$e'_3 + e^*_3 + e''_3 = e_3$

$e'_4 + e^*_4 + e''_4 = e_4$

② 确定资源动因矩阵。

资源变动成本动因矩阵 $F_1 = \begin{pmatrix} f'_{11} & f'_{12} & f'_{13} & f'_{14} \\ f'_{21} & f'_{22} & f'_{23} & f'_{24} \\ f'_{31} & f'_{32} & f'_{33} & f'_{34} \\ f'_{41} & f'_{42} & f'_{43} & f'_{44} \end{pmatrix}$

式中，$f'_{11}+f'_{21}+f'_{31}+f'_{41}=e'_1$

$f'_{12}+f'_{22}+f'_{32}+f'_{42}=e'_2$

$f'_{13}+f'_{23}+f'_{33}+f'_{43}=e'_3$

$f'_{14}+f'_{24}+f'_{34}+f'_{44}=e'_4$

$f'_{jm}$ 为分拣环节作业流程中第 $j$ 项作业消耗第 $m$ 种变动资源的动因。

资源长期变动成本矩阵 $F_2 = \begin{pmatrix} f''_{11} & f''_{12} & f''_{13} & f''_{14} \\ f''_{21} & f''_{22} & f''_{23} & f''_{24} \\ f''_{31} & f''_{32} & f''_{33} & f''_{34} \\ f''_{41} & f''_{42} & f''_{43} & f''_{44} \end{pmatrix}$

式中，$f''_{11}+f''_{21}+f''_{31}+f''_{41}=e''_1$

$f''_{12}+f''_{22}+f''_{32}+f''_{42}=e''_2$

$f''_{13}+f''_{23}+f''_{33}+f''_{43}=e''_3$

$f''_{14}+f''_{24}+f''_{34}+f''_{44}=e''_4$

$f''_{jm}$ 为分拣环节作业流程中第 $j$ 项作业消耗第 $m$ 种长期变动资源的动因。

资源固定成本动因矩阵 $F_3 = \begin{pmatrix} f'''_{11} & f'''_{12} & f'''_{13} & f'''_{14} \\ f'''_{21} & f'''_{22} & f'''_{23} & f'''_{24} \\ f'''_{31} & f'''_{32} & f'''_{33} & f'''_{34} \\ f'''_{41} & f'''_{42} & f'''_{43} & f'''_{44} \end{pmatrix}$

式中，$f'''_{11}+f'''_{21}+f'''_{31}+f'''_{41}=e'''_1$

$f'''_{12}+f'''_{22}+f'''_{32}+f'''_{42}=e'''_2$

$f'''_{13}+f'''_{23}+f'''_{33}+f'''_{43}=e'''_3$

$f'''_{14}+f'''_{24}+f'''_{34}+f'''_{44}=e'''_4$

$f'''_{jm}$ 为分拣环节作业流程中第 $j$ 项作业消耗第 $m$ 种固定资源的动因。

计算分拣作业中心库中四项作业按分拣环节作业流程成本性态划分的资源动因比例矩阵，可分为变动成本资源动因比例矩阵、长期变动成本资源动因比例矩阵、固定成本资源动因比例矩阵，他们分别用 $F'_1$、$F'_2$ 和 $F'_3$ 表示。

$$F_1' = \begin{pmatrix} \dfrac{f'_{11}}{e_1} & \dfrac{f'_{12}}{e_2} & \dfrac{f'_{13}}{e_3} & \dfrac{f'_{14}}{e_4} \\ \dfrac{f'_{21}}{e_1} & \dfrac{f'_{22}}{e_2} & \dfrac{f'_{23}}{e_3} & \dfrac{f'_{24}}{e_4} \\ \dfrac{f'_{31}}{e_1} & \dfrac{f'_{32}}{e_2} & \dfrac{f'_{33}}{e_3} & \dfrac{f'_{34}}{e_4} \\ \dfrac{f'_{41}}{e_1} & \dfrac{f'_{42}}{e_2} & \dfrac{f'_{43}}{e_3} & \dfrac{f'_{44}}{e_4} \end{pmatrix}$$

$$F_2' = \begin{pmatrix} \dfrac{f''_{11}}{e_1} & \dfrac{f''_{12}}{e_2} & \dfrac{f''_{13}}{e_3} & \dfrac{f''_{14}}{e_4} \\ \dfrac{f''_{21}}{e_1} & \dfrac{f''_{22}}{e_2} & \dfrac{f''_{23}}{e_3} & \dfrac{f''_{24}}{e_4} \\ \dfrac{f''_{31}}{e_1} & \dfrac{f''_{32}}{e_2} & \dfrac{f''_{33}}{e_3} & \dfrac{f''_{34}}{e_4} \\ \dfrac{f''_{41}}{e_1} & \dfrac{f''_{42}}{e_2} & \dfrac{f''_{43}}{e_3} & \dfrac{f''_{44}}{e_4} \end{pmatrix}$$

$$F_3' = \begin{pmatrix} \dfrac{f'''_{11}}{e_1} & \dfrac{f'''_{12}}{e_2} & \dfrac{f'''_{13}}{e_3} & \dfrac{f'''_{14}}{e_4} \\ \dfrac{f'''_{21}}{e_1} & \dfrac{f'''_{22}}{e_2} & \dfrac{f'''_{23}}{e_3} & \dfrac{f'''_{24}}{e_4} \\ \dfrac{f'''_{31}}{e_1} & \dfrac{f'''_{32}}{e_2} & \dfrac{f'''_{33}}{e_3} & \dfrac{f'''_{34}}{e_4} \\ \dfrac{f'''_{41}}{e_1} & \dfrac{f'''_{42}}{e_2} & \dfrac{f'''_{43}}{e_3} & \dfrac{f'''_{44}}{e_4} \end{pmatrix}$$

（2）分拣环节作业流程中作业成本构成矩阵计算。

作业变动成本矩阵、作业长期变动成本矩阵、作业固定成本矩阵分别为 $C_1' = F_1'S$，$C_1'' = F_2'S$，$C_1''' = F_3'S$。

（3）分拣环节作业流程所提供物流服务成本构成矩阵计算。

作业变动成本矩阵为：$C_2' = G'C_1' = G'F_1'S$；

作业长期变动成本矩阵为：$C_2'' = G'C_1'' = G'F_2'S$；

作业固定成本矩阵为：$C_2''' = G'C_1''' = G'F_3'S$。

式中，$C_2 = C_2' + C_2'' + C_2'''$。

### 3. 配送中心分拣环节作业流程通用成本性态模型细化分析

经过一级细化后，可以得到如下的分拣环节作业流程成本分析结果：

（1）分拣环节作业流程中任一作业消耗资源的成本。

由 $C_1 = F'S$ 中的 $\left(\dfrac{f_{jm}}{e_m}\right)s_m$ 可以计算出物流业务流程中任一作业 $j$ 消耗第 $m$ 项资源的成本。

（2）分拣环节作业流程中物流服务消耗资源的成本。

由 $C_2'' = G'C_1'' = G'F_3'S$ 中的 $\sum\limits_{j=1}^{J}\left[\left(\dfrac{g_{ij}}{h_j}\right)\left(\dfrac{f_{jm}}{e_m}\right)s_m\right]$ 可计算出分拣环节作业流程中分拣模式 $i$ 消耗 $m$ 项资源的成本。

经过二级细化以后，可以得到如下的分拣环节作业流程成本分析结果：

（1）分拣环节作业流程任一作业消耗的按流程成本性态分类的资源成本。

由 $C_1' = F_1'S$ 中的 $\left(\dfrac{f_{jm}'}{e_m'}\right)s_m$ 可计算出分拣环节作业流程中任一作业 $j$ 消耗第 $m$ 项资源的变动成本；由 $C_1^* = F_2'S$ 中的 $\left(\dfrac{f_{jm}^*}{e_m^*}\right)s_m$ 可计算出分拣环节作业流程中任一作业 $j$ 消耗第 $m$ 项资源的长期变动成本；由 $C_1'' = F_3'S$ 中的 $\left(\dfrac{f_{jm}''}{e_m''}\right)s_m$ 可计算出分拣环节作业流程中任一作业 $j$ 消耗第 $m$ 项资源的固定成本。

（2）分拣环节作业流程中任一分拣模式消耗的按流程成本性态分类的资源成本。

由 $C_2' = G'C_1' = G'F_1'S$ 中的 $\sum\limits_{j=1}^{J}\left[\left(\dfrac{g_{ij}}{h_j}\right)\left(\dfrac{f_{jm}'}{e_m'}\right)s_m\right]$ 可计算出分拣环节作业流程中分拣模式 $i$ 消耗 $m$ 项资源的变动成本；由 $C_2^* = G'C_1^* = G'F_2'S$ 中的 $\sum\limits_{j=1}^{J}\left[\left(\dfrac{g_{ij}}{h_j}\right)\left(\dfrac{f_{jm}^*}{e_m^*}\right)s_m\right]$ 计算出分拣环节作业流程中分拣模式 $i$ 消耗 $m$ 项资源的长期变动成本；由 $C_2'' = G'C_1'' = G'F_3'S$ 中的 $\sum\limits_{j=1}^{J}\left[\left(\dfrac{g_{ij}}{h_j}\right)\left(\dfrac{f_{jm}''}{e_m''}\right)s_m\right]$ 可计算出分拣环节作业流程中分拣模式 $i$ 消耗 $m$ 项资源的固定成本。

根据物流作业成本核算模型，代入 A 市卷烟配送中心数据计算，可以得到 A 市卷烟配送中心在 2010 年两种分拣模式下各自的分拣量以及所对应的耗用成本，如表 4.4 所示。

表 4.4　两种分拣模式下分拣量及耗用成本表

| 项　　目 | | 电子标签分拣 | 半自动分拣 |
| --- | --- | --- | --- |
| 分拣量（条） | | 104 620 000 | 153 860 000 |
| 直接材料费用（元） | | 182 000 | 267 000 |
| 直接人工费用（元） | 正式 | 160 000 | 240 000 |
| | 外聘 | 480 000 | 160 000 |
| 维修维护费用（元） | | 50 000 | 80 000 |
| 分拣线折旧（元） | | 100 000 | 150 000 |
| 场地占用费用摊销（元） | | 1 500 000 | 1 000 000 |
| 运行能源费用（元） | | 79 248 | 126 158 |
| 共同耗费管理费用（元） | | 500 000 | |

将分拣过程中发生的全部管理费用按照资源动因归集到各项作业，其结果如表 4.5 所示。

表 4.5　管理费用按资源动因归集

| 作　　业 | 资源动因 | 资源动因数量统计结果 | 费用归集（元） |
| --- | --- | --- | --- |
| 分拣前准备 | 准备次数（次） | 1 000 | 118 000 |
| 补货上架 | 人工工时（小时） | 4 000 | 132 500 |
| 分拣到户 | 人工工时（小时） | 4 000 | 179 000 |
| 分拣后辅助作业 | 人工工时（小时） | 2 000 | 70 500 |
| 管理费用总额（元） | | | 500 000 |

在费用归集和成本动因分析的基础上，将各项作业的成本按照相应作业动因分配到各种分拣模式中去。

电子标签分拣和半自动分拣模式的作业动因数量统计情况如表 4.6 所示，根据作业动因数量统计分析结果，可将管理费用在电子标签分拣和半自动分拣之间进行分配。作业动因比率的计算见表 4.7，根据计算出的作业动因比率，分配作业成本，分配过程及结果见表 4.8。

表 4.6  两种分拣模式作业动因数量统计

| 作业 | 资源动因 | 资源动因数量统计结果 | | |
|---|---|---|---|---|
| | | 合计 | 电子标签分拣 | 半自动分拣 |
| 分拣前准备 | 准备次数（次） | 1 000 | 650 | 350 |
| 补货上架 | 人工工时（小时） | 4 000 | 2 600 | 1 400 |
| 分拣到户 | 人工工时（小时） | 4 000 | 3 000 | 1 000 |
| 分拣后辅助作业 | 人工工时（小时） | 2 000 | 1 000 | 1 000 |

表 4.7  两种分拣模式作业动因比率计算结果

| 作业 | 资源动因 | 资源动因数量统计结果 | 作业成本总额（元） | 作业动因比率（%） |
|---|---|---|---|---|
| 分拣前准备 | 准备次数（次） | 1 000 | 118 000 | 118 |
| 补货上架 | 人工工时（小时） | 4 000 | 132 500 | 33.125 |
| 分拣到户 | 人工工时（小时） | 4 000 | 179 000 | 44.75 |
| 分拣后辅助作业 | 人工工时（小时） | 2 000 | 705 00 | 35.25 |

表 4.8  作业成本的分配过程及结果

| 作业 | 作业动因比率% | 电子标签分拣 | | 半自动分拣 | | 作业成本合计（元） |
|---|---|---|---|---|---|---|
| | | 动因数量（次） | 分配额（元） | 动因数量（次） | 分配额（元） | |
| 分拣前准备 | 118 | 650 | 76 700 | 350 | 41 300 | 118 000 |
| 补货上架 | 33.125 | 2 600 | 86 125 | 1 400 | 46 375 | 132 500 |
| 分拣到户 | 44.75 | 3 000 | 134 250 | 1 000 | 44 750 | 179 000 |
| 分拣后辅助作业 | 35.25 | 1 000 | 35 250 | 1 000 | 35 250 | 70 500 |
| 总计 | | — | 332 325 | — | 167 675 | 500 000 |

作业成本分配率的计算式为：

$$某项作业成本分配率 = \frac{该作业中心作业成本总额}{该中心的成本动因量化总和}$$

某分拣模式的某项作业成本分配额计算式为：

$$某模式应承担的某项作业成本分配额 = 该模式消耗某作业量总和 \times 该项作业成本分配率$$

将按照电子标签分拣和半自动分拣所归集的直接材料费、直接人工费、维修维护费、分拣线折旧费、场地占用费用摊销、运行能源费和所分配来的管理费进行汇总,分别计算电子标签和半自动两种分拣模式下的总分拣成本与单位分拣成本,如表 4.9 所示。

表 4.9 两种分拣模式成本汇总

| 分拣成本项目 | | 电子标签分拣（分拣量 104 620 000 条） | | 半自动分拣（分拣量 153 860 000 条） | |
| --- | --- | --- | --- | --- | --- |
| | | 总成本 | 单位成本 | 总成本 | 单位成本 |
| 直接材料费用（元） | | 182 000 | 0.001 739 6 | 267 000 | 0.001 735 3 |
| 直接人工费用（元） | 正式 | 160 000 | 0.001 529 3 | 240 000 | 0.001 559 9 |
| | 外聘 | 480 000 | 0.004 588 0 | 160 000 | 0.001 039 9 |
| 维修维护费用（元） | | 50 000 | 0.000 477 9 | 80 000 | 0.000 520 0 |
| 分拣线折旧（元） | | 100 000 | 0.000 955 8 | 150 000 | 0.000 974 9 |
| 场地占用费用摊销（元） | | 1 500 000 | 0.014 337 6 | 1 000 000 | 0.006 499 4 |
| 运行能源费用（元） | | 79 248 | 0.000 757 5 | 126 158 | 0.000 820 0 |
| 管理费用（元） | | 332 325 | 0.003 176 5 | 167 675 | 0.001 089 8 |
| 合　计（元） | | 2 883 573 | 0.027 562 3 | 2 190 833 | 0.014 239 1 |

一件是卷烟官方单位,1 件=50 条。根据表 4.9 的计算结果可知,在电子标签分拣模式下卷烟的分拣成本为 1.38 元/件;在半自动分拣模式下卷烟的分拣成本为 0.71 元/件。

## 4.3　作业成本控制

卷烟物流配送中心所涵盖的作业众多,并且形式复杂,但不管以哪种方式归类,最终物流总成本是相等的。但根据划分方法的不同,某部分或某种形式的物流成本会有所不同。采取适当措施降低物流成本主要是看这种变动所引起的物流总成本变动方向。如果物流总成本变小,则该项措施是有利的;反之,物流总成本变大,则该项措施是不利的。在选择措施时一定要坚持物流总成本最小原则,以便成本控制能够有效地进行。

分拣是卷烟物流作业过程中技术含量最高、占用成本最多的一项作业,分拣成本控制就是企业在分拣活动中依据分拣成本标准,对实际发生的分拣成本进行严格审核，发现浪费，进而采取措施不断降低分拣成本，实现预定的分拣成本目标。如何有效地控制整个卷烟配送中心的分拣成本，并有效地、系统地实施是物流成本管理的重点。从不同的分拣模式出发对卷烟配送中心的分拣成本控制的研究有重要理论意义，也为卷烟配送中心分拣成本控制研究提供依据。对改革中的烟草企业物流中心分拣模式的选择具有一定的指导意义。

根据表 4.9 的计算结果可知，在电子标签分拣模式下卷烟的分拣成本为 1.38 元/件；在半自动分拣模式下卷烟的分拣成本为 0.71 元/件。

湖南白沙物流有限公司是长沙市烟草专卖局与湖南中烟工业有限责任公司共同出资成立的独立法人企业，主要负责经营长沙地区的卷烟分拣配送业务。它是国家烟草专卖局的标杆企业，为烟草行业的科技和管理的创新与进步做出了卓越贡献。根据白沙物流计算验证，电子标签分拣模式的经济分拣成本为 1.03 元/件，半自动分拣模式的经济分拣成本为 0.32 元/件。以一件烟为标准，A 市卷烟物流配送中心电子标签分拣系统的分拣成本比标准值高出 0.35 元，半自动分拣系统的分拣成本比标准值高出 0.39 元。按照一年分拣量 24 万箱（1 箱=5 件）计算，用电子标签分拣模式将超出标准分拣成本 42 万元；用半自动分拣模式将超出标准分拣成本 46.8 万元。

A 市卷烟物流配送中心两种模式下的分拣成本与测算出的经济分拣成本有一定的成本差异。成本差异形成的原因可以从以下几方面考虑：

（1）分拣设备的选取。

目前卷烟物流配送中心的分拣系统主要有电子标签、半自动、和全自动三种。其中电子标签分拣系统固定投资最少，分拣效率相对较低，分拣变动成本最高。而全自动分拣系统正好相反，固定投资高，分拣效率也很高；半自动分拣系统则居于两者之间。卷烟物流配送中心在选取分拣系统时应该结合该中心的实际作用量，选用最适合的分拣系统，实现分拣成本的最小化，避免因设备选择不合理而造成的人员空闲或机器设备闲置等资源浪费的现象。避免过度设备投资和人工劳动强度过大两种极端情况出现，在设备和人工之间寻求一个平衡可以使分拣成本控制达到较优的效果。

由白沙物流测算出的经济分拣成本推算，对于年分拣量超过 50 万件规模的卷烟物流配送中心而言，半自动分拣模式是最经济的。而根据电子标签的实际分拣能力计算，对年分拣量低于 30 万件规模的卷烟物流配送中心而言,在分拣用人不超过 9 人的条件下,采用电子标签分拣模式也是经济合理的。因此,必须结合企业的自身实际情况选用与本企业物流规模最相匹配的分拣设备。

(2)人力成本控制。

人力成本在整个卷烟物流配送中心分拣作业中是比较重要的一环,主要表现分拣人员、管理人员、理货人员、辅助包装人员、堆码及控制台人员等的成本支出。由于人力成本在卷烟配送中心中占有比较大的份额,特别是在分拣设备相对简单、人员需求较多的情况下,人力成本支出会更多。因此严格控制人力成本对于降低分拣成本具有一定的意义。可以从以下几方面入手:

① 认真对待分拣前准备环节,特别是需要人工分拣的分拣组合,使分拣开始时所有人员都能达到自己的岗位开始操作,提高作业效率;培养人员的团队合作精神,使各个岗位的人员可以相互协调,密切合作,提高整体作业效率。

② 通过进一步的作业分析,消除不必要的作业,减少完成某项作业所需要的时间耗费;提高增值作业的效率;提高管理者素质,减少管理人员数量,物质资源共享的同时也可以做到人力资源的共享,有利于作业成本的降低。

③ 由于人力成本单价的不断上升,在适当的时候选用适合配送中心实际情况的辅助设备,减少人员数量也可以达到降低人力成本的目的。

对于电子标签分拣系统而言,分拣人员的数量庞大,其作业效率对整个分拣效率有很大影响。因此,应该尽量使用动作熟练的分拣人员,以提高分拣效率,达到减少分拣成本的目的。同时,分拣人员的稳定性也可以降低卷烟配送中心因人员更换支付的成本。

在半自动分拣系统中,由于分拣过程是由分拣机自动完成,人工只是进行辅助性作业,因此,在人力成本的控制方面可控弹性相对较小。

(3)人才培养计划与实施。

配送中心不但要建立起一套先进的处理信息的计算机系统,对内部管理人员素质的要求也会更高。因为物流作业成本系统的制定与实施,不仅要求相关人员有较高的会计理论知识,还要对配送中心的作业流程有相当程度的熟悉和掌握。配送中心对物流作业的划分,成本动因和资源动因的确认都必须以配送中心作业流程为基础,才能识别、计量以及合并作业。

除此之外，对于电子标签分拣模式，分拣人员相对较多，对管理人员的素质也提出了较高要求，要求管理者有较高的人力资源管理素质；而半自动分拣模式分拣机自动完成分拣，使用人员数量相对较少，且除了管理人员外，其余大多进行重复性操作，则要求管理人员具有较高的技术水平，能够应对日常设备运行中出现的问题。

（4）直接材料成本控制。

在分拣过程中所涉及的直接材料主要是指分拣后辅助作业环节所用到的 PE 膜、标签纸、打印纸等包装耗材。直接材料成本控制就主要表现为分拣过程中包装材料成本的控制，这对于减低分拣成本具有重要作用。卷烟物流配送中心的包装材料比较单一，卷烟分拣过程的包装费主要包括 PE 膜、打印纸、标签纸、碳带、溶剂、塑料包装袋、清洗剂、透明胶带、不干胶粘贴纸、条码纸等用品。

① 相关负责人员及时制定包装物资采购计划，避免因逾期计划或过度计划造成浪费或供应不及时等产生的额外成本。制定最终材料采购方案时也应结合经济订货批量与最低库存量原则。

② 采用手持电子扫描及签收设备，简化分拣后辅助环节的相关纸质程序，将相关信息利用信息系统进行处理。电子化手持设备的采用可以减少签收打印票据等耗材的使用，能够有效降低直接材料成本。

③ 采购形式的多样化。首先对将要采购的所有材料进行分类，对不同分类下的材料实行不同的采购方式。对于货币价值高的材料，要重点对其历史采购价格和成本构成进行分析，坚持实行招标采购。而对货币价值低的材料主要是实行"集中采购，集中管理"的方式，充分发挥批量采购的优势；还可以通过网络直接进行物资采购洽谈，减少采购的中间环节。另外，可使用货比三家的原则来降低原材料的采购成本。

对于在包装中大量使用的 PE 膜、打印纸、标签纸等材料，直接选择招标的方式进行采购，发挥集中采购的优势，节约采购环节中材料本身的费用支出以及采购人员的费用开销。需要在验收货物时严格把握质量关，避免因质量问题造成不必要的损失。

而针对碳带、溶剂、塑料包装袋、清洗剂、透明胶带、不干胶粘贴纸、条码纸这一类使用量相对较小的材料，与其他省市卷烟配送中心一起采购也可以发挥出集中优势。与此同时，这种联合采购的方式还可以加强同行间的联系，有利于全行业采购成本的控制。

④ 建立健全采购物资的价格档案和价格管理体系。通过不同渠道收集、

整理将要采购材料的市场行情，掌握影响成本变化的因素，并对其价格走势进行合理预测，从而对供应商提供的材料成本构成做到心中有数，抓住采购谈判的主动权。同时，努力和信誉高的供货商搞好关系，建立长期合作协议，使所需物资能够有稳定的供应渠道。

⑤ 要加强采购包装物资的入库检验。材料管理员要对照采购合同约定的标准，严格检验入库材料质量和数量，减少因采购物资质量欠佳或数量短缺造成的损失。

⑥ 对于采购的物资进行分批入库，合理控制库存量。采购回来的物资库存量大，占用的资金就多，配送中心用于其他环节的流动资金相对减少，不利于作业流程的进行，也降低了资金的使用率。因此所采购库存量是否合理，将关系到整个配送中心物流成本的高低，应当时刻关注仓库中物资耗费情况，根据实际需要合理补充库存。

⑦ 卷烟分拣后的包装一般是以 5 条的整数倍为一个包装单位，且最多不超过 25 条。由于卷烟包装规格相差甚小，可以认为分拣后形成的每一个包装单位尺寸相同，因此可以考虑以包装耗材为单位建立成本消耗定额，建立成本责任制度。将包装材料与分拣数量相结合，并把消耗责任落实到每一条分拣线。通过耗材定额标准的制定和实施可以避免材料的滥用和浪费，起到节约包装成本的作用。

⑧ 旧包装的回收再利用。将使用过的 PE 膜等包装材料通过卷烟送货员进行回收，然后运送到有关部门进行修复、改制等处理再次进行使用。包装材料的回收再利用可以相对地节约包装材料采购成本，降低配送中心的物流成本；同时对整个国家和社会而言，旧包装的回收再利用可以节约大量的资源，为国家的可持续发展做出贡献。

（5）信息系统的采用。

自始至终伴随物流的信息流决定了物流系统的有效性。随着市场经济的发展，卷烟需求向多品种、小批量方向发展，配送卷烟的种类、数量和经销商数量都急剧增加，由此产生的大量信息远远超过了人力计算的能力。物流系统为了适应这种变化必然需要实施高度的信息化。但这一信息化的过程并不一定是一步到位的，应该是渐进式的。比如沃尔玛在美国国内动用大型计算机设立数据中心，而武汉中百仓储配送中心只应用了手持扫描仪、电子计数器等相对少量的电子设备就足以满足作业需要。

电子标签分拣系统分拣效率相对半自动稍低，在考虑计算机控制系统的使用上要选择与之效率相匹配的管理系统，根据配送中心的发展状况，逐步改进和完善与新状态相适应的信息化系统及设备。

信息系统不存在是否先进的问题，关键在于能否满足本企业的物流管理和成本需要，必须要从配送中心的实际情况出发，避免出现因信息系统的过度投资而出现的浪费。

（6）优化分拣作业流程。

在详细了解自身物流作业的基础上，与同行业中一流配送中心的作业相比较，思考自身作业流程的改进方向。因此，在采取措施降低成本的同时，还应不断完善和改进作业流程，制定新的作业标准。完善作业标准旨在通过对比实际作业成本与作业标准成本差异的基础上，检查实际作业与标准作业之间存在的差异，改进相应作业流程与方法，以提高自身的成本控制能力。

电子标签分拣模式与半自动分拣模式相比较，电子标签分拣模式的流程复杂一些，在流程优化控制分拣成本方面电子便签效果更为明显。这两种分拣模式都应在实际作业中不断制定新的作业标准，以达到不断降低分拣成本的目的。

（7）企业文化管理。

企业文化对形成企业内部凝聚力和外部竞争力所起到的积极作用，越来越受到人们的重视。企业竞争，实质是企业文化的竞争。有效的企业文化对企业员工来讲就是一种激励机制。

通过独特的卷烟文化建设可以形成员工对企业的高度认同感，让员工充分体会到他们自己也是企业的相关利益者，提高其忠诚度。

同时，应该加强员工成本管理意识。卷烟物流配送中心目前还是国有体制，内部部门和人员的设置相对较多，所以要实行全员参与管理的原则，加强员工的成本管理意识，把降低成本的工作从分拣作业逐渐扩展到的各个环节，实施全面作业成本管理，使配送中心全体员工都有成本控制的意识。

综上所述，卷烟配送中心通过作业成本管理的应用可以将成本与成本的发生因素建立一一对应起来，通过分析成本发生的原因，减少作业中无效作业的发生。这种成本计算的方法也为实行专业成本核算，揭示成本发生的原因，降低整个配送中心的物流成本提供了一种有效的方法。针对不同的卷烟分拣模式，以上成本控制方法所取得的效应有所差别，如表 4.10 所示。

表 4.10　两种分拣模式成本控制比较

| 控制方法 | 电子标签 具体措施 | 有效性 | 半自动 具体措施 | 有效性 |
|---|---|---|---|---|
| 分拣设备的选取 | 使用条件：分拣规模低于30万件/年 | *** | 使用条件：分拣规模超过50万件/年 | *** |
| 人力成本控制 | 进行分拣人员培训，提高作业效率 | *** | 提高补货人员作业效率，减少作业人员数量 | *** |
| | 适当选用辅助设备，减少人员使用数量 | *** | 合理利用机械设备，防止出现资源闲置现象 | ** |
| 人才培养计划与实施 | 相关人员具有较高的会计理论知识 | ** | 相关人员具有较高的会计理论知识 | ** |
| | 熟悉作业流程 | *** | 熟悉作业流程 | ** |
| | 提高管理者的人力资源管理能力 | *** | 提高管理者的技术水平 | *** |
| 直接材料成本控制 | 及时制定物资采购计划 | ** | 及时制定物资采购计划 | ** |
| | 手持信息录入、签收设备 | ** | 手持信息录入、签收设备 | ** |
| | 建立健全价格档案和管理体系，分类别进行采购 | ** | 建立健全价格档案和管理体系，分类别进行采购 | ** |
| | 行业联合采购 | ** | 行业联合采购 | ** |
| | 优质供应商的培育、维持 | *** | 优质供应商的培育、维持 | *** |
| | 合理控制库存量 | ** | 合理控制库存量 | ** |
| | 加强所采购物资的入库检验 | ** | 加强所采购物资的入库检验 | ** |
| | 建立耗材消耗定额和成本责任制 | *** | 建立耗材消耗定额和成本责任制 | *** |
| | 旧包装的回收再利用 | * | 旧包装的回收再利用 | * |
| 信息系统的采用 | 选用最适当的信息系统 | *** | 选用最适当的信息系统 | *** |
| | 手持扫描仪及电子计数器的使用 | ** | 使用与分拣效率相适应的入库信息录入设备 | *** |
| 优化分拣作业流程 | 完善和改进作业流程，消除不必要作业 | ** | 改进作业流程 | * |
| | 及时制定新的作业标准 | ** | 及时制定新的作业标准 | ** |
| 企业文化管理 | 特定企业文化建设 | ** | 特定企业文化建设 | ** |
| | 员工激励机制 | ** | 员工激励机制 | ** |
| | 加强员工成本管理意识 | ** | 加强员工成本管理意识 | ** |

注："***"表示此种方法很有效；"**"表示该方法有效；"*"表示该方法一般。

# 第 5 章

# 区域卷烟配送网络特征分析

## 5.1 卷烟配送作业识别

### 5.1.1 卷烟配送基本流程

卷烟配送是卷烟这种特殊的专卖专营商品与物流配送活动的结合,其本质是物流配送的一种具体形式。该商品具有一定的特殊性,因此在物流配送中与其他普通商品存在较大差异。

图 5.1 为烟草物流供应链流程图,包括烟叶种植、烟叶收购、烟叶复烤、卷烟生产、卷烟销售及配送。广义的卷烟配送包括卷烟采购、运输、仓储、分拣打码、包装和配送到户的时间或空间转移过程;狭义的卷烟配送则指烟草商业企业的卷烟物流配送中心将按零售客户订单分拣、包装后的卷烟作为配送商品从配送中心运送至卷烟零售客户的时间或空间转移过程,涉及的主体主要是烟草商业企业和卷烟零售客户。本书主要针对狭义的卷烟配送进行研究。

对于狭义的卷烟配送而言,主要工作就是将已经按照客户订单分拣、包装后的卷烟用配送车辆运送至零售客户的经营地址,是门对门的送货形式。由于零售客户数量庞大、地点分散、送货量和送货距离差异大等原因,物流资源消耗和物流服务水平间出现了严重的矛盾,而物流服务水平直接关系到零售客户的满意度,卷烟配送活动有必要在物流资源消耗与物流服务水平之间进行权衡,最佳结果便是既能降低物流配送成本又不影响顾客的满意度。

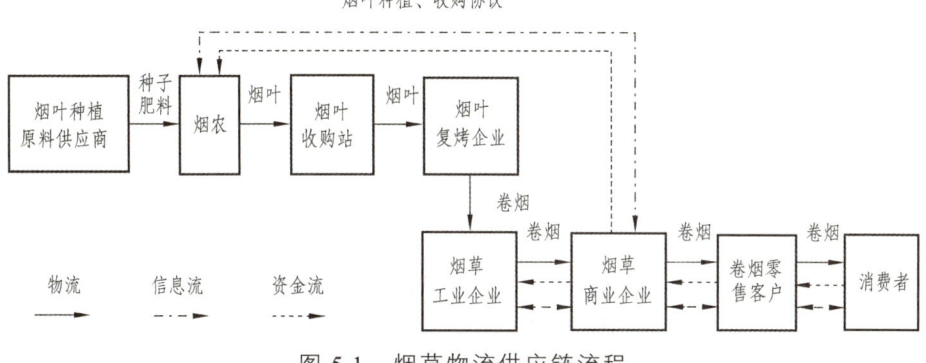

图 5.1  烟草物流供应链流程

### 5.1.2 卷烟配送成本构成

卷烟配送成本主要体现为配送车辆燃油消耗及送货人员工资，送货人员工资相对稳定，因此，卷烟配送成本高低主要取决于配送车辆燃油消耗，即与配送里程和送货方式直接相关。按照国家局的要求，卷烟配送应当实现送货到户，由于零售客户地域分布广且数量众多，因而区域内卷烟配送通常会分成若干小区域，然后再根据具体情况实施送货到户。根据卷烟配送中心距零售客户距离的远近，主要有直接送货到户、接货到户、接力送货到户三种送货方式。

**1. 直接送货到户**

直接送货到户是指以物流企业为装载点采用物流自主车辆直接送货至客户的送货方式。操作步骤如下：

物流分公司送货部/区域配送中心配送部送货员按规定时间从储配部/配送部理货员处领取《客户小票》《客户签字表》《车位商品汇总单》，明确送货任务，按线路清点品种及数量后，进行送货卷烟装车，完成理货交接后，送货员与理货员双方签字确认，送货（驾驶）员按设计的送货线路路径及线路顺序将卷烟逐一送达客户法定经营地址或约定地点。卷烟送达客户指定收货场所后，送货员在热塑膜包装不拆封的前提下与客户按《客户小票》内容清点卷烟品种、数量，并检查卷烟品质。卷烟品种、数量清点无误后，电结客户、预付货款客户、票据结算（集团）客户在《客户签字表》上签字确认。非电结客户向送货员缴足现金货款后在《客户签字表》上签字确认。卷烟品质有问题按《重庆市烟草公司物流分公司不合格品（服务)管理办法》规定处理。卷烟送达客户签收确认后,若遇有现金货款,送货员结束送货后,立即到指定银行缴存当日现金货款,取得银行《现金存款单》,并于送货当日向货款票据管理员提交《现金存款单》,货款票据管理员对每日送货员提交的《客户签字表》进行真实性、完整性检查核查,送货完成。

2. 接货到户

接货到户是指以物流企业为装载点,由客户所在当地烟草公司或委外单位接送货到户,自主车辆送货至客户的送货方式。操作步骤如下:

物流分公司域内烟草公司/委外单位送货员自带车辆到物流分公司或区域配送中心,从储配部/配送部理货员处领取《车位商品汇总单》《客户签字表》《客户小票》,明确送货任务。按照票据,送货员从储配部/配送部理货员处领取送货卷烟,在热塑膜包装不拆封的前提下对卷烟按客户清点,无误后,由驾驶员负责卷烟装车,装车完毕后,经送货员、理货员双方签字确认,完成出库交接手续。物流分公司或区域内烟草公司/委外单位送货(驾驶)员按设计的送货线路路径行驶,将配送卷烟运送回本单位指定存放地点,由接货管理员锁好,暂存库房妥善过夜或由送货员直接送达客户。物流分公司或区域内烟草公司/委外单位送货员次日从暂存库房原车领出配送卷烟,按设计送货路径和客户送货顺序将卷烟逐一送达客户法定经营地址或约定地点。送货员在热塑膜包装不拆封的前提下与客户按《客户小票》内容清点卷烟品种、数量,并检查卷烟品质。卷烟品种、数量清点无误后,电结客户、预付货款客户、票据结算(集团)客户在《客户签字表》上签字确认。非电结客户向送货员缴足现金货款后在《客户签字表》上签字确认。卷烟品质有问题按《重庆市烟草公司物流分公司不合格品(服务)管理办法》规定处理。卷烟送达客户签收确认后,若遇有现金货款,送货员结束送货后,立即到指定银行缴存当日现金货款,取得银行《现金存款单》,并于送货当日向货款票据管理员提交《现金存款单》,货款票据管理员对每日送货员提交的《客户签字表》进行真实性、完整性检查核查,送货完成。

3. 接力送货

接力送货是指以物流企业为装载点,由第三方外协运输企业转运至客户所在当地烟草公司,再由当地公司自主车辆直接送达客户的送货方式。

操作步骤如下：

外协单位送货（驾驶）员按规定时间从储配部/配送部理货员处领取《车位商品汇总单》《客户签字表》《客户小票》，明确送货任务。外协单位送货（驾驶）员按照票据从储配部/配送部理货员处领取送货卷烟，对热塑膜包装卷烟按线路清点包装物数量，对整件烟及异型烟按线路清点品种、数量，并检查卷烟品质。最后核实清点笼车数量。票据、卷烟、笼车清点无误后，理货员将笼车捆绑装车。笼车装车完毕，外协单位送货（驾驶）员锁好车厢门后，填写《接力配送卷烟出库交接记录》，与理货员双方签字确认并加盖公章。外协单位送货（驾驶）员按指定的送货线路路径行驶，将配送卷烟运送到区县公司指定接货地点，将《车位商品汇总单》《客户签字表》《客户小票》交接货管理员。接货管理员按照票据，按线路清点整件和异型卷烟品种及数量、热塑膜包装物数量及完好程度。清点无误后，双方签字确认并加盖单位收货公章。次日各区县送货员/委外送货单位送货员在区县接货管理员处领取《车位商品汇总单》《客户签字表》《客户小票》票据，按照票据清点品种及数量。清点核对卷烟无误后，按客户送货顺序进行装车，完毕后送货（驾驶）员与接货管理员双方签字确认。送货（驾驶）员按设计的送货线路路径和送货顺序，将卷烟逐一送达客户法定经营地址或约定地点。送货员在热塑膜包装不拆封的前提下与客户按《客户小票》内容清点卷烟品种、数量，并检查卷烟品质。卷烟品种、数量清点无误后，电结客户、预付货款客户、票据结算（集团）客户在《客户签字表》上签字确认。非电结客户向送货员缴足现金货款后在《客户签字表》上签字确认。卷烟品质有问题按《重庆市烟草公司物流分公司不合格品（服务）管理办法》规定处理。卷烟送达客户签收确认后，若遇有现金货款，送货员结束送货后，立即到指定银行缴存当日现金货款，取得银行《现金存款单》，并于送货当日向货款票据管理员提交《现金存款单》，货款票据管理员对每日送货员提交的《客户签字表》进行真实性、完整性检查核查，送货完成。

根据具体的送货方式及流程可对卷烟送货流程进行归集，由于影响送货成本高低的因素主要取决于送货距离，因此本书对卷烟送货成本的研究主要集中于对送货距离进行研究。

### 5.1.3 区域卷烟配送特点

卷烟配送是烟草商业企业联系末端卷烟零售客户的重要环节。因卷烟与其他一般商品相比具有独特性，以省级区域的卷烟配送为研究对象，其配送活动具有如下特点：

① 卷烟配送采用自营物流配送模式，即由烟草商业企业投资建设的物流分公司及物流配送中心完成卷烟配送业务，配送商品单一；

② 卷烟相对一般商品而言，附加价值高，商品整体价值高，运营安全性要求较高；

③ 卷烟配送费用不由卷烟零售客户承担，其配送费用完全由烟草商业公司物流分公司承担；

④ 卷烟配送车辆均是经过改造或直接在厂家定制，比较适合卷烟装卸且有利于减少破损；

⑤ 各个卷烟配送中心的配送范围通常根据地市行政区划进行界定；

⑥ 卷烟需求量相对稳定，受季节、节假日等因素的影响不大，因而，卷烟零售客户订货量（即卷烟送货量）相对稳定，波动较小；

⑦ 访销周期（即送货时间间隔）不是根据零售客户的需求确定，而是由烟草商业企业对所辖区域进行统一规定；

⑧ 卷烟零售客户的订货量与卷烟物流配送中心的配送决策无关，即无论订货量多少都会按照既定的访销周期进行门到门的配送服务；

⑨ 卷烟属于一种日用快速消费品，需要提供较为便利的购买途径，故零售客户的经营地址较为分散。

## 5.2 基于复杂网络的区域卷烟配送网络特性

卷烟配送环节由专业分公司或分支机构直接配送至零售客户，且运送商品单一，不由收货方承担配送费用，使得其配送网络异于普通快消品第三方物流配送。因此，对其配送网络的整体结构及不同层级节点重要度分析将有利于构建全域多层次资源节约型配送网络，降低单位商品物流费用。而面向多要素、巨系统分析的复杂网络理论，在全域层面分析配送网络整体稳定性；在同一网络层级可测定整体网络的网络直径、聚类系数和轴辐强度；进一步，在不同网络层级能描绘点度中心性、接近中心性和中介中心性。

鉴于此，可将卷烟配送网络看作由连接关系将配送中心、中转站与零售客户连接在一起的复杂网络系统，可抽象为由配送节点集 $V$ 和连接关系集 $E$ 组成的图 $G=(V,E)$。复杂网络对卷烟配送网络的分析主要从三个方面展开,即:网络整体特性、拓扑结构稳定性和节点重要度。

### 5.2.1 区域卷烟配送网络整体特性

卷烟配送网络的整体特性包括对节点的度与度分布、网络直径、平均路径长度、聚类系数等指标的定量测算。该配送网络节点连接关系用邻接矩阵 $A$ 表示,则矩阵的各元素为 $a_{ij} = \begin{cases} 1, & \text{如果节点}i\text{和}j\text{相接} \\ 0, & \text{其他} \end{cases}$;各节点的配送量用 $n_{ij}$ 表示,则可作如下定义,见表 5.1。

表 5.1 配送网络整体特征指标定义

| 定 义 | 表达式 |
| --- | --- |
| **定义 1** 配送节点 $i$ 的度 $k_i$:卷烟配送网络中,任意节点与其他直接相连的节点配送量总和 | $k_i = \sum_{j \in N} n_{ij} a_{ij}$ |
| **定义 2** 配送节点平均度 $<k>$:卷烟配送网络中一个节点与其他节点直接相连的平均配送量 | $<k> = \dfrac{\sum_{i=1}^{N} k_i}{N}$ |
| **定义 3** 网络直径 $D$:在卷烟配送网络中,任意两个配送节点 $i$、$j$ 间的距离 $d_{ij}$ 为连接这两个节点的连接关系数,其中最大值为该网络的网络直径 | $D = \max_{i,j} d_{ij}$ |
| **定义 4** 平均路径长度 $L$:在卷烟配送网络中,两个任意配送节点间距离的平均值 | $L = \dfrac{2}{N(N+1)} \sum_{i \geq j} d_{ij}$ |
| **定义 5** 聚类系数 $C_i$:在卷烟配送网络中,$k_i$ 个配送节点之间实际存在的配送量总数 $E_i$ 和总的可能的配送量数 $k_i(k_i-1)/2$ 的比 | $C_i = \dfrac{2E_i}{k_i(k_i-1)}$ |
| **定义 6** 平均聚类系数 $C$:所有节点 $i$ 的聚类系数 $C_i$ 的平均值 | $C = \dfrac{\sum_{i=1}^{N} C_i}{N}$ |

### 5.2.2 区域卷烟配送网络拓扑结构稳定性分析

网络的稳定性即网络在自然状态或遭受攻击时仍能维持网络结构,保证其正常运转的能力。网络的稳定性与其拓扑结构密不可分。从网络拓扑结构来看，配送网络可以大致分为三类：轴辐网络、点对点网络和这两种结构的混合形式，如图 5.2 中所示。因其配送网络拓扑结构呈现出的差异，使得网络的稳定程度表现出不一致性。在对配送网络分析时，通常用可靠性、鲁棒性、抗毁性等来描述整体网络的稳定度，然而节点对整体网络稳定度的贡献并未得到刻画，因此，本书提出用轴辐强度来描述节点在保持网络稳定程度方面的贡献度。轴辐强度具体可定义为配送网络中某些节点被破坏或从网络中删除后，网络仍具有连通性的可变形节点数量极限，即在极限范围内网络仍可正常运转，否则网络将会因某些节点被破坏或从网络中删除而瘫痪。在三种类别的拓扑结构中，点对点网络的轴辐强度最大，任一节点被破坏或删除对网络连通性都不会造成影响；对于轴辐网络，轴心节点一旦遭到破坏或删除，网络连通性就会受到影响，轴辐强度低；若是轴辐网络与点对点混合网络拓扑结构，某些点可不通过轴心节点而直接运输，对轴心节点的依赖程度相对较小，其轴辐强度高于轴辐网络。而特殊刚需快消品配送网络的拓扑结构为轴辐网络，轴心节点一旦遭到破坏，整个网络将停止运行，轴辐强度低，整体网络稳定性差，在日常运行中应该特别关注对轴心节点的维护及资源配置。

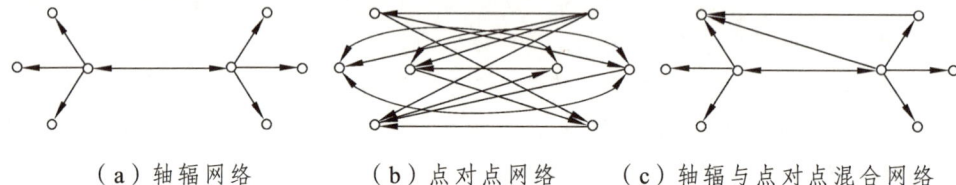

（a）轴辐网络　　　（b）点对点网络　　　（c）轴辐与点对点混合网络

图 5.2　配送网络拓扑结构分类图

### 5.2.3　区域卷烟配送网络节点重要度分析

对卷烟配送网络节点重要度分析主要依据以配送量为基础的拓扑结构中各节点所处位置的"中心性"数组排序，以此反映不同的重要程度。"中心性"数组分为三类：点度中心性，测量网络中特定节点与其他所有节点相连接的程度；接近中心性，表征特定节点与其他节点的接近程度；中介中心性，反映特定节点对其他节点或资源、信息的控制能力。对卷烟配送网络节点重要度指标的定义如表 5.2 所示。

表 5.2　配送节点重要度指标定义

| 定　义 | 表达式 |
|---|---|
| 定义 7　节点 $i$ 的点度中心性 $C_D(N_i)$：卷烟配送网络中，节点 $i$ 与其他 $g-1$ 个节点的配送量总数 | $C_D(N_i) = \sum_{j=1}^{g} n_{ij} a_{ij}$ |
| 定义 8　节点 $i$ 的接近中心性 $C_C(i)$：卷烟配送网络中，节点 $i$ 其与其他所有节点的平均最短距离 | $C_c(i) = \dfrac{n-1}{\sum_{j=1}^{n} d_{ij}}$ |
| 定义 9　节点 $i$ 的中介中心性 $C_B(i)$：卷烟配送网络中，节点 $i$ 处于其余任意两点间的最短路径概率总和，其中，$p_{jk}$ 为节点 $j$、$k$ 的最短路径数，$p_{jk}(i)$ 为其最短路径经过节点 $i$ 的次数 | $C_B(i) = \sum_{j<k} \dfrac{p_{jk}(i)}{p_{jk}}$ |

## 5.3　区域卷烟配送复杂网络模型

### 5.3.1　区域卷烟配送网络基本架构

卷烟作为一类特殊快消品，由专门机构负责配送，以保证其流通渠道。对于此类商品，目前通常是按照省级行政单位划分具体管辖范围。对于一个省级配送机构而言，通常设置有多个配送中心（即一级轴心节点），因零售客户（即配送支点）距离配送中心的路程长短不同，每个配送中心另设有中转站（即二级轴心节点），并通过三种形式来满足零售客户的订货需求，如图 5.3 所示。

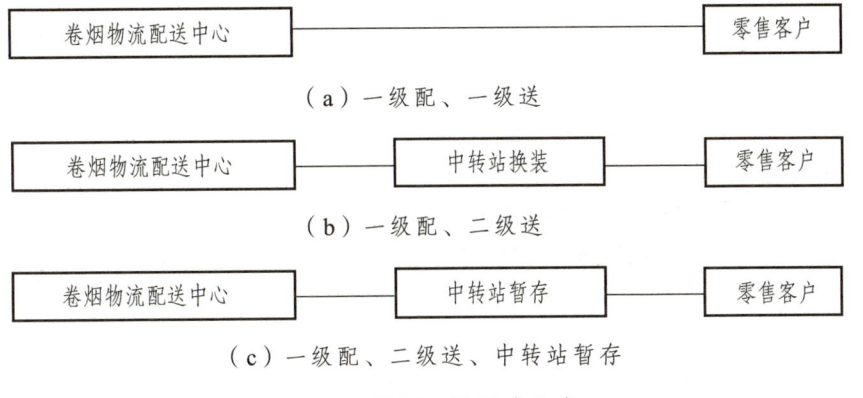

图 5.3　卷烟配送形式分类

图 5.3 中，（a）一级配、一级送：是指由一级轴心节点分拣后直接装车运送到配送支点的模式；适用于配送支点与一级轴心节点路程较短的情况；（b）一级配、二级送：是指由一级轴心节点分拣后，先送到二级轴心节点换装后再运送到配送支点的模式，适用于配送支点与一级轴心节点路程较远且当天能完成配送的情况；（c）一级配、二级送、中转站暂存：指由一级轴心节点分拣后，先送到二级轴心节点暂存后次日再运送到配送支点的模式，适用于配送支点与一级轴心节点路程远且当天不能完成运送的情况。整个配送网络构成一个多层级、复合轴辐式复杂网络，其配送网络基本架构如图 5.4 所示。

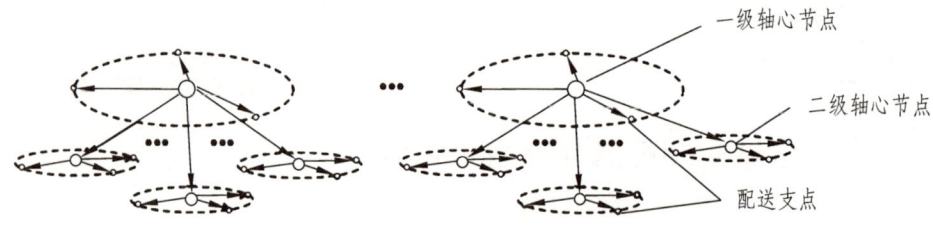

图 5.4　配送网络基本架构

## 5.3.2　区域卷烟配送网络模型

在研究卷烟的物流配送网络过程中，需要对其配送网络进行数字化模拟，在此过程中进行如下假设：

① 此类商品替代性弱，需求人群及需求量鲁棒性较强，受季节、时间等因素的影响较小；

② 只考虑各一级轴心节点运出的商品，不考虑其订货及送货渠道；

③ 将配送量作为各个配送节点的权重（本书以中国烟草总公司重庆市公司 2014—2016 年平均月度销量为权重设置依据）；

④ 各二级轴心节点的商品都是由一级轴心节点直接运送，二级轴心节点间不存在连接关系；

⑤ 各一级轴心节点间不存在商品调运问题；

⑥ $N_i(i=1,2,\cdots,n)$ 表示一级轴心节点，$M_i(i=1,2,\cdots,m)$ 表示二级轴心节点，$U_i(i=1,2,\cdots,u)$ 表示配送支点；

⑦ 不考虑委托第三方转运或配送的情况。

基于前述假设，构建卷烟的复杂网络拓扑结构模型如图 5.5 所示。

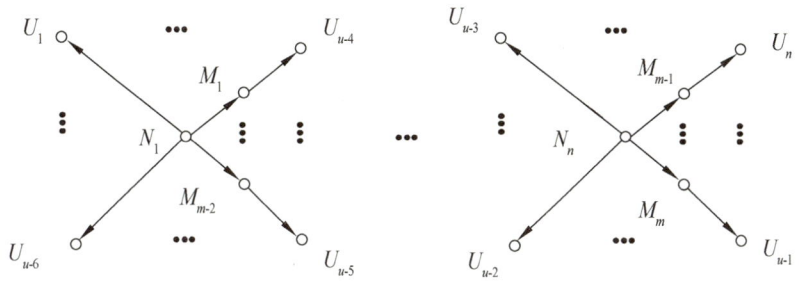

图 5.5　配送网络拓扑模型

## 5.4　案例研究

### 5.4.1　卷烟配送复杂网络模型

重庆市烟草专卖局（公司）物流分公司负责整个辖区内卷烟分拣和配送等工作，共 4 个卷烟配送中心，24 个中转站，辐射 38 个区县，涉及全市 12.83 万零售客户，年配送量达 120 万箱。

零售客户数据量巨大，若以每一个客户为节点不便于数据处理，且没有必要将位置非常接近的零售客户分开来研究，因此考虑设置虚拟客户点，即以零售客户的地址为依据，将地址位置信息接近的零售客户聚集成一个虚拟客户点，最终将 12 万多零售客户聚类得到 1 027 个虚拟客户点，如图 5.6 所示。黑色圆点为中转站位置，其余各灰色小点代表江北、万州、涪陵、黔江四个配送中心负责配送的零售客户。

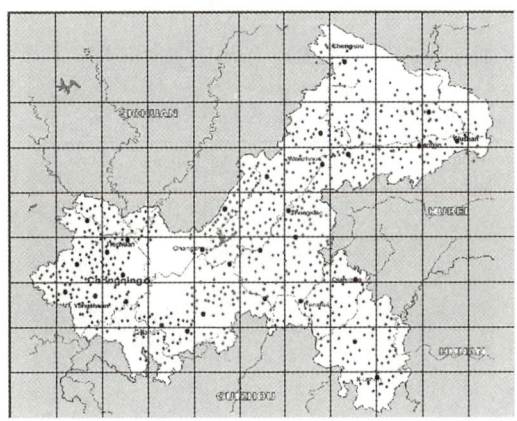

图 5.6　卷烟配送网络节点分布

### 5.4.2 卷烟配送网络整体特性分析

基于 Gephi 9.1 对上述配送网络构建轴辐式拓扑网络模型，如图 5.7 所示。整个配送网络呈现出由四个具有较高区分度和明确聚类中心组成的复合轴辐网络，(a)、(b)、(c)、(d)分别代表黔江、涪陵、万州、江北配送中心及其所对应的中转站、零售客户所形成的轴辐网。该网络中的边仅代表配送节点间的连接关系，不表示实际送货路线和运输距离；节点大小与该节点的配送量成正比。

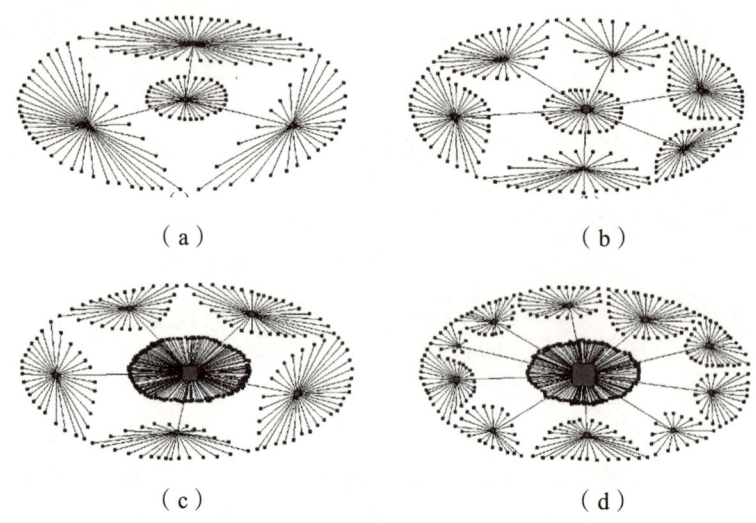

图 5.7 卷烟配送网络拓扑

将四个轴辐网统一起来进行整体网络特性分析，统计特征指标见表 5.3。该配送网络拓扑结构节点数为 1 055（其中包含 4 个配送中心、24 个

表 5.3 卷烟配送网络特征指标

| 特征指标 | 配送网络 | 随机网络 |
| --- | --- | --- |
| 节点 | 1 055 | 1 065 |
| 边数 | 1 051 | 1 140 |
| 平均度 | 1.992 | 1.081 |
| 平均路径长度 | 3.029 | 8.212 |
| 网络直径 | 4 | 19 |
| 平均聚类系数 | 0.067 | 0.002 |

中转站和 1 027 个虚拟客户点），边数为 1 051，因四个配送中心相对独立没有连接关系而导致边数少于节点数；平均度 1.992 表示在该网络中平均一个节点与 1.992 个其他节点直接相连；平均路径长度 3.029 表示该网络中平均最短路程要经过 3.029 个节点；网络直径 4 表示该网络中最长的一条线路要经过 4 条节点连线；聚类系数为 0.067，说明其节点间的联系有待进一步加强。相比于同等规模的随机网络其平均路径长度和聚类系数明显较大，因此，该配送网络是小世界网络。

对该卷烟配送网络的节点度分布和累积度分布进行统计分析，用双对数坐标对累积度分布进行拟合，如图 5.8 所示。拟合出的曲线，$R^2$ 表示拟合程度的好坏，越趋于 1 越好，重庆市卷烟配送网络具有显著的小世界性和无标度性。

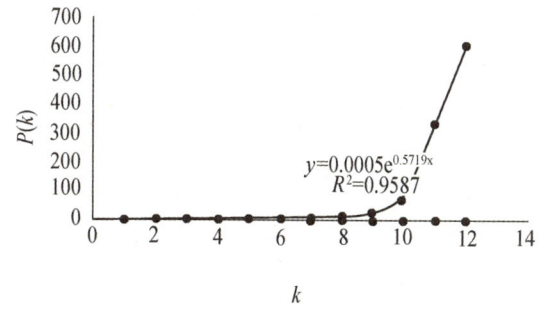

图 5.8 卷烟配送网络双对数坐标累积度分布拟合曲线

### 5.4.3 卷烟配送网络轴辐强度分析

从网络的拓扑特征来看，该卷烟配送网络属于典型的轴辐网络，并且为复合式轴辐网络。其轴心节点呈现出多层结构，二级轴心节点与一级轴心节点相连，二级轴心节点衍生出一个新的轴辐网；一级轴心节点一旦遭到攻击，整个网络将会瘫痪；二级轴心节点被损坏将不会影响一级轴心节点和其他二级轴心节点的正常工作；因而，可以将两级轴心节点的重要度进行分类分析。

### 5.4.4 基于轴辐强度和中心性的二维指标的节点重要度分析

对该网络模型中一级轴心节点和二级轴心节点的中心性指标进行分析，评价针对整个网络的各轴心节点重要程度。

一级轴心节点的中心性指标见表 5.4，江北和万州配送中心的点度中心性明显高于其余两个配送中心，这是由于江北配送中心所辖的重庆主城九区零售客户网点密集、全部采取直送的形式且配送量较大；而万州配送中心所辖配送区域广、直送范围较大，配送数量相较于另外两个配送中心优势明显，因此点度中心性也较高；接近中心性和中介中心性指标中，江北和万州配送中心也表现出明显的优势，与其他节点的连通性较好，对于网络的顺畅通行具有非常重要的作用。江北和万州配送中心分别位于重庆的中部和东北部，在狭长分布的重庆版图中形成了相对集中的区域中心，对于重庆市卷烟配送网络而言，在网络连通性、网络信息传递、对网络资源的控制能力等方面都表现出了极强的优势。

表 5.4　一级轴心节点中心性指标

| | | 点度中心性 | | 接近中心性 | | 中介中心性 |
|---|---|---|---|---|---|---|
| 1 | 江北配送中心 | 5 605 376　2.111　0.159 | 江北配送中心 | 695 865　0.151 | 江北配送中心 | 74 986　13.513 |
| 2 | 万州配送中心 | 1 863 772　0.702　0.053 | 万州配送中心 | 777 997　0.135 | 万州配送中心 | 47 886　8.629 |
| 3 | 涪陵配送中心 | 629 274　0.237　0.018 | 涪陵配送中心 | 900 284　0.117 | 涪陵配送中心 | 17 587　3.169 |
| 4 | 黔江配送中心 | 324 609　0.122　0.009 | 黔江配送中心 | 966 623　0.109 | 黔江配送中心 | 7 515　1.354 |

二级轴心节点的中心性指标见表 5.5，分别列出了三类"中心性"指标排列前 10 位的节点。由表中数据可知，点度中心性、中介中心性和接近中心性的排名存在差异。合川、江津位于三类指标的前两位，说明这两个中转站在配送网络中有着不可替代的作用；永川、大足、荣昌、铜梁、潼南五个中转站也位于三类指标的前 10 位。相比较而言，合川、大足、铜梁三个节点的点度中心性的优势弱于接近中心性和中介中心性，说明他们直接负责配送的零售客户数量不是最多，但是在对网络的信息传递以及网络资源的控制能力都有明显的优势；永川则恰好相反，配送量较大，而对整个网络的信息传递及对资源的控制能力稍弱。这些节点都是江北配送中心管辖配送的，紧邻主城区，因此在网络中对其他配送节点或资源信息的控制能力有明显优势。

表 5.5 二级轴心节点中心性指标

| | 点度中心性 | | | 接近中心性 | | | 中介中心性 | | |
|---|---|---|---|---|---|---|---|---|---|
| 1 | 江津分公司 | 788 827 | 0.297 | 0.022 | 合川分公司 | 696 199 | 0.151 | 合川分公司 | 11 385 | 2.052 |
| 2 | 合川分公司 | 749 815 | 0.282 | 0.021 | 江津分公司 | 696 201 | 0.151 | 江津分公司 | 11 020 | 1.986 |
| 3 | 永川分公司 | 683 629 | 0.257 | 0.019 | 铜梁分公司 | 696 203 | 0.151 | 铜梁分公司 | 10 654 | 1.92 |
| 4 | 綦江分公司 | 578 349 | 0.218 | 0.016 | 大足分公司 | 696 205 | 0.151 | 大足分公司 | 10 287 | 1.854 |
| 5 | 长寿分公司 | 551 758 | 0.208 | 0.016 | 永川分公司 | 696 213 | 0.151 | 巫溪分公司 | 9 900 | 1.784 |
| 6 | 大足分公司 | 530 559 | 0.2 | 0.015 | 潼南分公司 | 696 215 | 0.151 | 奉节分公司 | 9 616 | 1.733 |
| 7 | 璧山分公司 | 469 556 | 0.177 | 0.013 | 荣昌分公司 | 696 217 | 0.151 | 永川分公司 | 8 809 | 1.587 |
| 8 | 荣昌分公司 | 459 234 | 0.173 | 0.013 | 綦江分公司 | 696 219 | 0.151 | 忠县分公司 | 8 758 | 1.578 |
| 9 | 铜梁分公司 | 392 599 | 0.148 | 0.011 | 璧山分公司 | 696 229 | 0.151 | 潼南分公司 | 8 437 | 1.52 |
| 10 | 潼南分公司 | 391 820 | 0.148 | 0.011 | 万盛分公司 | 696 239 | 0.151 | 荣昌分公司 | 8 064 | 1.453 |
| | 图的点度中心势 Network Centralization = 2.10% | | | | | | | 图的中介中心势 Network Centralization Index = 13.47% | | |

### 5.4.5 研究结论

以卷烟配送网络为研究对象，应用复杂网络理论对其配送网络的拓扑结构及网络特性进行研究。进一步，以重庆市卷烟配送网络为实例，构造配送网络节点及配送量的复杂网络模型，对其网络整体特性和基于轴辐强度和中心性二维指标特征的网络节点重要度进行分析。通过分析发现，该卷烟配送网络具有显著的小世界性和无标度性，配送节点间的联系有待进一步加强，因此，可以对其网络节点布局进行优化。从轴辐式网络结构来讲，首先保证对轴心节点的资源投入并进行重点监控，以保证配送网络的连通性；若要提高网络的轴辐强度，可以对网络的拓扑结构进行适当调整。从配送网络运行来看，一方面，江北、万州两个配送中心在一级轴心节点中承担着保证网络顺畅运行、信息传递及对网络资源控制的不可替代的作用，合川、江津、永川、大足、荣昌、铜梁、潼南等中转站在二级轴心节点中的作用也不容忽视，若要对配送网络进行优化，需要考虑这些重要节点在网络中的资源配置，以保证调整后的配送网络能够更好地运行；另一方面，重要度较低的各节点可根据实际需要适当减少其资源配置，以提高资源利用效率，降低单位配送成本，提升行业物流的核心竞争力。

# 第6章

# 基于合作博弈的区域卷烟异频配送

## 6.1 区域卷烟异频配送形成动因

卷烟专卖专营特性使得区域卷烟配送中存在有别于其他商品配送的特殊客观问题,物流成本居高不下,为响应中央、各地方政府关于建立资源节约型社会的号召,降低卷烟物流成本,减少资源消耗成为当前的重要工作。卷烟配送环节由其专业分公司或分支机构依据访销频次直接配送至零售客户,属于门到门的配送,具有运送商品单一、附加价值高、且不由收货方承担配送费用的特点。其配送频次是由国家专卖专营机构规定而非根据客户需要确定,但配送量多少不会影响其门到门的服务形式;而针对众多的零售客户,销售量和配送距离难以很好地协调发展,这种配送形式使得配送量小且配送距离远的客户产生过高的配送成本等不合理现象,造成资源的极大浪费。为了提高社会资源的利用效率,可根据零售客户配送量及配送距离的实际情况采用不同配送频次的管理方式,即异频配送。具体来讲,对配送量小、配送距离远的零售客户实行减少配送频次的做法,以提高资源利用效率和配送车辆装载率,并且可有效降低配送成本。

### 1. 区域卷烟配送客观环境

配送商品单一,配送车辆装载率难以保证。卷烟配送采用自营物流配送模式,配送车辆只装载配送区域内的卷烟,配送商品单一,受到配送车辆行驶距离的限制,部分送货量小且零售客户分散的区域,配送车装率较低,是对物流资源的浪费。

卷烟配送受行政区划限制。我国烟草行业实行垂直管理体制，省级烟草商业企业下设多个地市级烟草公司，省级烟草商业企业按照区域内卷烟配送需要建设若干个卷烟配送中心，而卷烟配送中心归属与配送中心所在地的地市级烟草公司管辖，并完成所辖片域的卷烟配送业务。严格的区域划分限制了配送线路更大范围的优化，最极端的现象便是处于相邻两个片域边界附近的配送点无法接受跨区域的卷烟配送服务，致使两个片区的配送车辆在行驶较远距离后分别完成配送活动。

卷烟配送业务涉及多个职能部门，权责划分不清晰。卷烟配送中心是由配送中心所在地的地市级烟草公司管辖，与此同时，省级烟草商业企业也设有与地市级烟草公司同等级的物流分公司，物流分公司不对地市级烟草公司负责的卷烟配送中心的配送业务进行直接管理，无法掌控具体的卷烟配送费用，但在成本核算时却要承担所有因配送卷烟而产生的费用，权责划分不清晰，不利于省级烟草商业企业的对标管理。

### 2. 区域合作收益共享形成的直接动因

卷烟零售客户订货量差异大，统一访销周期不适于所有零售客户。卷烟零售客户受其所处位置的卷烟消费市场环境影响，需求量差异巨大。卷烟零售客户的需求量决定订货量，而市场总需求量基本稳定，在此情形下，访销周期越长，零售客户单次订货量越大；反之，访销周期越短，单次订货量越小。订货量小的零售客户并不会因为量小而降低物流配送成本，反而提高了单位商品的配送成本。比较合理的解决方法是，不强行统一访销周期，订货量较小的零售客户设置较长的访销周期；订货量大的零售客户设置较短的访销周期。

卷烟配送网络覆盖范围大、配送节点分散，配送成本居高不下。目前，卷烟零售客户所处地理位置已经延伸各个行政村，而对于幅员辽阔的省级行政区域其配送点遍布各偏远乡村，配送网络覆盖面广，配送节点分散；且偏远地区的卷烟零售客户需求量有限，规模较小，市场集中度较低，卷烟配送难度大，配送成本居高不下。

通过上述分析可知，区域卷烟配送实际客观环境导致了卷烟配送网络覆盖范围大、配送节点分散、卷烟零售客户订货量差异大、配送成本居高不下等问题的出现，这些问题的存在是建立区域卷烟配送合作收益共享关系的直接动因，具体如图6.1所示。

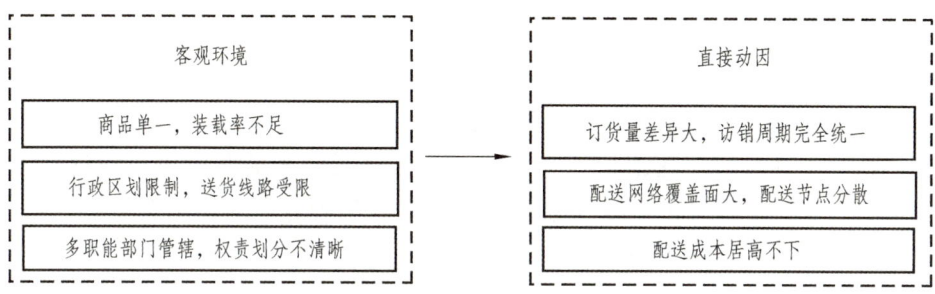

图 6.1  区域合作收益共享动因

## 6.2 区域卷烟异频配送联盟模型

### 6.2.1 模型假设

在研究卷烟异频配送利益分配机制中，Shapley 值联盟模型中节约配送成本的主体是物流服务企业，联盟成立的关键是将节约的配送成本向零售客户进行合理分配，本书以最为直观的配送过程中燃油消耗及碳排放量的减少为对象进行说明，因此，可做如下假设：

① 物流服务企业和减频客户构成利益联盟，对异频配送利益进行分配，使得联盟整体利益最大化。

② 联盟参与主体的博弈基础是合作，即各参与主体都能达成有效协议并对自身行为进行约束。

③ 每种联盟情形下各参与主体的获利水平属于共享信息，各主体都能免费获取。

④ 设 $B(N;\upsilon)$ 为有 $n$ 个参与主体的联盟博弈，$N=\{0,1,2,\cdots,n-1\}$，$P(N)$ 表示参与主体集合 $N$ 的所有非空子集的集合，即所有联盟的集合，则：

$$B(N;\upsilon)=\{s_0,\cdots,s_{n-1};c_1,\cdots,c_m;\upsilon_0,\cdots,\upsilon_{n-1}\}$$

$$\upsilon_i = f_i(s_0,\cdots,s_{n-1};c_1,\cdots,c_m)$$

其中：$s_0,\cdots,s_{n-1}$ 表示各参与主体的策略空间；$c_1,\cdots,c_m$ 表示参与主体构成联盟所达成的协议；$\upsilon_i$ 表示第 $i$ 个参与主体的特征函数，他是联盟协议和各参与主体策略的多元函数；$V(S)$ 为联盟利益水平，表示联盟中参与主体合作时所获得的最大利益或节约的成本，$V(S):P(N) \to R$。

⑤ 设 $(u_0(s),\cdots,u_{n-1}(s))$ 是联盟博弈的一个可行配置效用，可行结果 $s \in S$。

联盟成员分到的利益需要满足个体理性，每个成员在联盟中的分配都不小于其不参与联盟的收益，即使在收益不确定的情况下，每个成员还愿意参加联盟。$V(S) > \sum_{i \in c} u_i$ 一般为期望收益 $Eu(x_i) \geqslant Eu(R(i))$。

基于前述假设，可对因配送频次减少而节约的燃油费用和碳排放量降低值进行合理分配。由于物流服务企业不收取零售客户的配送费用，因此，此处的分配形式主要通过联盟返利。

### 6.2.2 两阶段 Shapley 值利益分配模型

（1）第一阶段。

Shapley 值模型为联盟参与主体 $i$ 在 $(N;\upsilon)$ 情形下可能形成各种联盟结果，只要将其对不通联盟的边际贡献平均起来就是其在全体联盟 $N$ 下应得的最终效用分配 $\varphi_i(N;\upsilon)$，称 $\varphi_i(N;\upsilon)$ 为 $(N;\upsilon)$ 情形的 Shapley 值。

$$\varphi_i(N;\upsilon) = \sum_{i \in S \subseteq N} \frac{(|S|-1)!(n-|S|)!}{n!} \times (V(S) - V(S \setminus \{i\}))$$

$$\omega(|S|) = \frac{(|S|-1)!(n-|S|)!}{n!}$$

式中，$|S|$ 为联盟 $S$ 中的参与主体数量；$\varphi_i(N;\upsilon)$ 为联盟博弈中参与主体 $i$ 的利益分配值，$\psi_i(N;\upsilon)$ 为联盟博弈中参与主体 $i$ 的贡献分配值。$V(S) - V(S \setminus \{i\})$ 为参与主体 $i$ 加入到联盟 $S' = (S \setminus \{i\})$ 后形成联盟 $S$ 时，为联盟增加的收益。$V$ 为特征函数，每个联盟 $S$ 都对应着一个实值函数 $V(S)$。

（2）第二阶段。

传统 Shapley 值模型中默认多个参与主体对利益的贡献程度均相等，即各方的贡献度均为：$R_i = \frac{1}{n}, i = 0,1,2,\cdots,n-1$，但在卷烟异频配送中，因其配送量（即减频客户的销量）、配送距离均不等，各方在配送成本降低及碳排放减少的贡献度都不相同，故还需要根据其贡献度进行第二阶段计算以对 Shapely 值进行修正。

① 基于配送量计算贡献度。

配送量是企业利润的源泉，是利益分配中重要的考量依据，因此，可基于实际配送量确定客户在联盟收益中的贡献度。

设参与方实际贡献度为 $PR'_i$，则：$\Delta R'_i = PR'_i - \frac{1}{n}$，$\sum_{i=1}^{n} \Delta R'_i = 0$，$\sum_{i=1}^{n} PR'_i = 1$。

当 $\Delta R_i' > 0$ 时，则表示参与主体 $i$ 在实际合作中的贡献度大于平均水平，贡献度大的主体应该分得较多的利益。其利益增值为 $\Delta \varphi_i = \upsilon(N) \times \Delta R_i'$，则实际利益分配为：

$\varphi_i' = \varphi_i + \Delta \varphi_i = \varphi_i + \upsilon(N) \times \Delta R_i'$，其中 $\upsilon(N)$ 为合作的最大利益。

同理，当 $\Delta R_i' < 0$ 时，则表示参与主体 $i$ 在实际合作中的贡献度小于平均水平，所获的实际利益分配将小于平均值：$\varphi_i' = \varphi_i + \Delta \varphi_i = \varphi_i - \upsilon(N) \times \Delta R_i'$。

同上，当 $\Delta R_i' > 0$ 时，则表示参与主体 $i$ 在实际合作中的贡献度大于平均水平，贡献度大的主体应该分得较多的利益，其实际贡献分配为：

$$\psi_i' = \psi_i + \Delta \psi_i = \psi_i + \upsilon(N) \times \Delta R_i'$$

当 $\Delta R_i' < 0$ 时，则表示参与主体 $i$ 在实际合作中的贡献度小于平均水平，所获的实际贡献分配将小于平均值：

$$\psi_i' = \psi_i + \Delta \psi_i = \psi_i - \upsilon(N) \times \Delta R_i'$$

② 基于配送里程减少计算贡献度。

卷烟异频配送中，配送里程的减少是产生燃油费用节约及碳排放减少的最直接原因，因此，可基于配送里程减少确定客户在联盟收益中的贡献度。具体模型及意义与基于配送量计算贡献度类似。

## 6.3 案例分析与模型测算

### 6.3.1 案例介绍

重庆市烟草专卖局（公司）物流分公司负责整个辖区内卷烟分拣和配送等工作，辐射 38 个区县共 8.24 万平方千米，共 12.83 万零售客户，目前所有零售客户的访销频次均为一周一访，年配送量达 120 万箱。零售客户数据量巨大，若以每一个客户为节点不便于数据处理，且没有必要将位置非常接近的零售客户分开来研究，因此考虑设置虚拟客户点，即以零售客户的地址为依据，将地址位置信息接近的零售客户聚集成一个虚拟客户点，最终将 12 万多零售客户聚类得到 1 027 个虚拟客户点，如图 6.2 所示，其中，五角星为配送中心，灰色大圆圈为中转站，黑色小圆点为虚拟顾客点。因地域特征而导致的部分零售客户离配送中心或中转站距离远且配送量小，导致此类客户产生较多的无效资源消耗，配送成本存在大幅度下降的空间。

图 6.2　卷烟配送网络节点分布图

如图 6.3 所示，按照配送量/配送距离对客户进行划分，将虚拟顾客点划分为四个象限：距离近、订货量少为第一象限；距离近、订货量多为第二象限；距离远、订货量大为第三象限；距离远、订货量少为第四象限。本书选择对第四象限的虚拟客户点采取降低访销频次的办法，即由一周一访变为两周一访，测算异频配送对物流成本的影响。

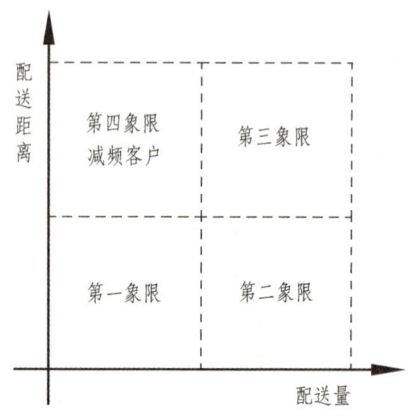

图 6.3　虚拟顾客点分类

### 6.3.2 异频配送利益测算

以中国烟草总公司重庆市公司 2014—2016 年平均月度送货量为依据，计算虚拟客户点的配送量/配送距离比值，分别取比值最小的 5%、10%和 15%的，通过减少配送频次，使车辆行驶距离减少，燃油消耗减少，燃油费减低，实现物流成本降低，并且可减少碳排放量，保护环境，有利于构建美丽中国。以配送量/配送距离比值结果将虚拟客户点进行分类，假定比值区间为[0，5%]的虚拟客户点为第Ⅰ类客户，比值区间为(5%，10%]的虚拟客户点为第Ⅱ类客户，比值区间为(10%，15%]的虚拟客户点为第Ⅲ类客户，具体计算结果如表 6.1 所示。（燃油价格按照 7 元/L 计算。）

表 6.1 配送量/配送距离比值表（年）

| 序号 | 虚拟客户点数量 | 占零售客户总比例 | 配送量（万条） | 减少配送里程（km） | 减少油耗（L） | 减少燃油费（万元） | 减少碳排放量（kg） |
|---|---|---|---|---|---|---|---|
| Ⅰ | 54 | [0, 5%] | 1.07 | 47 570.64 | 6 436.32 | 4.51 | 17 378.04 |
| Ⅱ | 55 | (5%, 10%] | 2.25 | 43 024.08 | 5 821.2 | 4.07 | 15 717.24 |
| Ⅲ | 55 | (10%, 15%] | 8.85 | 42 256.8 | 5 717.28 | 4.00 | 15 436.68 |

数据来源："重庆市卷烟物流运行情况季报表"（2014—2016）油耗平均值（13.53L/100km），每升燃油产生 2.7 kg 二氧化碳。

### 6.3.3 两阶段 Shapley 值的异频配送利益分配

假设卷烟配送中心不参加联盟，就不会出现燃油费用节约及碳排放减少，因此，此联盟主要由配送中心来发起建立。将重庆市卷烟异频配送联盟的参与方简化为四个参与方 $N = \{0,1,2,3\}$，其中，"0"代表配送中心，"1"代表第Ⅰ类客户，"2"代表第Ⅱ类客户，"3"代表第Ⅲ类客户。根据表 1 所示对卷烟异频配送所节约燃油消耗和减少的碳排放量贡献值进行合理分配。

（1）第一阶段分配。

首先计算配送中心的燃油费用节约，如表 6.2 所示，将末行数据相加，得到配送中心每年可从节约的燃油费中分得的利益 $\varphi_0 = 6.29$ 万元。

表 6.2　配送中心分配节约燃油费用计算

| $s$ | {0} | {0, 1} | {0, 2} | {0, 3} | {0, 1, 2} | {0, 1, 3} | {0, 2, 3} | {0, 1, 2, 3} |
|---|---|---|---|---|---|---|---|---|
| $v(s)$ | 0 | 4.51 | 4.07 | 4 | 8.58 | 8.51 | 8.07 | 12.58 |
| $v(s \backslash 0)$ | 0 | 0 | 0 | 0 | 0 | 0 | 0 | 0 |
| $v(s)-v(s \backslash 0)$ | 0 | 4.51 | 4.07 | 4 | 8.58 | 8.51 | 8.07 | 12.58 |
| $\lvert s \rvert$ | 1 | 2 | 2 | 2 | 3 | 3 | 3 | 4 |
| $w(\lvert s \rvert)$ | 0.25 | 0.08 | 0.08 | 0.08 | 0.08 | 0.08 | 0.08 | 0.25 |
| $w(\lvert s \rvert)\lvert v(s)-v(s \backslash 0)\rvert$ | 0.00 | 0.38 | 0.34 | 0.33 | 0.72 | 0.71 | 0.67 | 3.15 |

对于第Ⅰ类客户可分配的燃油节约利益，如表 6.3 所示，将末行数据相加，得到第Ⅰ类客户每年可从节约的燃油费中分得的利益 $\varphi_1 = 2.26$ 万元。

表 6.3　第Ⅰ类客户分配节约燃油计算

| $s$ | {1} | {0, 1} | {0, 1, 2} | {0, 1, 3} | {0, 1, 2, 3} |
|---|---|---|---|---|---|
| $v(s)$ | 0 | 4.51 | 8.58 | 8.51 | 12.58 |
| $v(s \backslash 1)$ | 0 | 0 | 4.07 | 4 | 8.07 |
| $v(s)-v(s \backslash 1)$ | 0 | 4.51 | 4.51 | 4.51 | 4.51 |
| $\lvert s \rvert$ | 1 | 2 | 3 | 3 | 4 |
| $w(\lvert s \rvert)$ | 0.25 | 0.08 | 0.08 | 0.08 | 0.25 |
| $w(\lvert s \rvert)\lvert v(s)-v(s \backslash 1)\rvert$ | 0.00 | 0.38 | 0.38 | 0.38 | 1.13 |

同理，可计算得出第Ⅱ类客户分得利益 $\varphi_2 = 2.04$ 万元，第Ⅲ类客户分得利益 $\varphi_3 = 2.00$ 万元。

依据表 6.1 数据，可对联盟中各参与方减少碳排放的贡献值进行分配。表 6.4 所示为配送中心碳排放减少贡献值分配过程，将末行数据相加，得到配送中心可从减少碳排放的贡献值中分得 $\psi_0 = 24\ 265.98$ kg。

表 6.4　配送中心碳排放减少贡献计算

| $s$ | {0} | {0, 1} | {0, 2} | {0, 3} | {0, 1, 2} | {0, 1, 3} | {0, 2, 3} | {0, 1, 2, 3} |
|---|---|---|---|---|---|---|---|---|
| $v(s)$ | 0 | 17 378.04 | 15 717.24 | 15 436.68 | 33 095.28 | 32 814.72 | 31 153.92 | 48 531.96 |
| $v(s \backslash 0)$ | 0 | 0 | 0 | 0 | 0 | 0 | 0 | 0 |
| $v(s)-v(s \backslash 0)$ | 0 | 17 378.04 | 15 717.24 | 15 436.68 | 33 095.28 | 32 814.72 | 31 153.92 | 48 531.96 |
| $\lvert s \rvert$ | 1 | 2 | 2 | 2 | 3 | 3 | 3 | 4 |
| $w(\lvert s \rvert)$ | 0.25 | 0.08 | 0.08 | 0.08 | 0.08 | 0.08 | 0.08 | 0.25 |
| $w(\lvert s \rvert)\lvert v(s)-v(s \backslash 0)\rvert$ | 0.00 | 1 448.17 | 1 309.77 | 1 286.39 | 2 757.94 | 2 734.56 | 2 596.16 | 12 132.99 |

第 I 类客户碳排放减少贡献计算如表 6.5 所示,得到第 I 类客户每年可从减少碳排放的贡献值中分得 $\psi_1$=8 689.02 kg。

表 6.5　第 I 类客户碳排放减少贡献计算

| $s$ | {1} | {0, 1} | {0, 1, 2} | {0, 1, 3} | {0, 1, 2, 3} |
|---|---|---|---|---|---|
| $v(s)$ | 0 | 17 378.04 | 33 095.28 | 32814.72 | 48 531.96 |
| $v(s \setminus 1)$ | 0 | 0 | 15 717.24 | 15436.68 | 31 153.92 |
| $v(s)-v(s \setminus 1)$ | 0 | 17 378.04 | 17 378.04 | 17378.04 | 17 378.04 |
| $\|s\|$ | 1 | 2 | 3 | 3 | 4 |
| $w(\|s\|)$ | 0.25 | 0.08 | 0.08 | 0.08 | 0.25 |
| $w(\|s\|)\|v(s)-v(s \setminus 1)\|$ | 0.00 | 1 448.17 | 1 448.17 | 1448.17 | 4 344.51 |

同理,可计算得出第 II 类客户分得碳排放减少贡献值 $\psi_2$=7 858.62 kg,第 III 类客户分得碳排放减少贡献值 $\psi_3$=7 718.34 kg。

(2) 第二阶段分配。

在卷烟异频配送中,因其配送量(即减频客户的配送量)差异较大,各参与方在配送成本降低及碳排放减少的贡献度均不相等,还需以配送量为依据对其利益和贡献度在第 I、II、III 类客户中进行再分配。表 6.6、表 6.7 分别以配送量为依据计算三类客户节约燃油费和减少碳排放贡献值的分配结果。

表 6.6　节约燃油费用分配

| $\varphi_i$ | $\varphi_1$=2.26 | $\varphi_2$=2.04 | $\varphi_3$=2.00 |
|---|---|---|---|
| $PR'_i$ | 0.09 | 0.18 | 0.73 |
| $\left(PR'_i - \dfrac{1}{n}\right)$ | −0.25 | −0.15 | 0.39 |
| $\Delta\varphi_i = v(N) \times \left(PR'_i - \dfrac{1}{n}\right)$ | −1.55 | −0.94 | 2.48 |
| $\varphi'_i = \Delta\varphi_i + \varphi_i$ | 0.71 | 1.10 | 4.48 |

表 6.7　减少碳排放贡献值分配

| $\varphi_i$ | $\psi_1$=8 689.02 | $\psi_2$=7 858.62 | $\psi_3$=7 718.34 |
|---|---|---|---|
| $PR'_i$ | 0.09 | 0.18 | 0.73 |
| $\left(PR'_i - \dfrac{1}{n}\right)$ | −0.25 | −0.15 | 0.39 |
| $\Delta\psi_i = v(N) \times \left(PR'_i - \dfrac{1}{n}\right)$ | −5 955.17 | −3 602.34 | 9 557.51 |
| $\psi'_i = \Delta\psi_i + \psi_i$ | 2 733.85 | 4 256.28 | 17 275.85 |

### 6.3.4 利益分配结果讨论

基于前述两阶段 Shapley 值异频配送利益分配模型可知,重庆市卷烟异频配送利益分配结果如表 6.8 和表 6.9 所示。

表 6.8　基于配送量的贡献度最终分配结果

|  | 配送中心 | 第Ⅰ类客户 | 第Ⅱ类客户 | 第Ⅲ类客户 |
| --- | --- | --- | --- | --- |
| 节约燃油费用（万元） | 6.29 | 0.71 | 1.10 | 4.48 |
| 减少碳排放贡献值（kg） | 24 265.98 | 2 733.85 | 4 256.28 | 17 275.85 |

表 6.9　基于配送里程减少的贡献度最终分配结果

|  | 配送中心 | 第Ⅰ类客户 | 第Ⅱ类客户 | 第Ⅲ类客户 |
| --- | --- | --- | --- | --- |
| 节约燃油费用（万元） | 6.29 | 2.42 | 1.98 | 1.90 |
| 减少碳排放贡献值（kg） | 24 265.98 | 9 289.38 | 7 628.58 | 7 348.02 |

两种贡献度计算依据主要针对三类客户,分配结果存在较大差异。通过比较发现:

（1）基于配送量计算贡献度的 Shapely 值修正方法更加倾向于第Ⅲ类客户,因其具有较第Ⅰ、Ⅱ类客户更有优势的地理位置,便于物流服务企业进行配送;另一方面,第Ⅲ类客户有较好的卷烟销售基础,如能激发其销售积极性,可更好促进销量的增长,实现利税提升。

（2）基于配送里程减少计算贡献度虽是资源消耗好和碳排放减少最直接的原因,若以此进行分配虽能极大提升第Ⅰ类客户的满意度,但根据以往配送量数据难以有较大的销量提升,不利于企业利税的增长。

因此,为了更好促进利税增长,基于配送量计算贡献度进行第二阶段计算并修正 Shapely 值较基于配送距离计算贡献度更为合理。按照此方法,如果合作联盟参与方实际配送量大于平均配送量时,其原合作利益分配量会增加,如果小于平均配送量则原合作利益分配量会减少。

# 第7章

# 类卷烟物流共同配送研究

## 7.1 类卷烟物流

国内烟草行业实行统一领导、垂直管理、专卖专营的模式，国家烟草专卖局、中国烟草总公司对全国烟草行业"人、财、物、产、供、销、内、外、贸"进行集中统一管理。2014年10月开展了非烟商务物流座谈会，对行业拓展非烟业务的必要性及开展的难度作了客观分析和判断，同时提出了"一个平台、双方合作、对方出资、利润共享"的意见和要求，明确指出非烟配送体系要力求低成本运行。随着人们对健康的关注和国际性的禁烟浪潮愈演愈烈，中国烟草行业中很多商业企业开始涉足类卷烟产业，探索与卷烟类似商品的共同配送模式。与国外跨国烟草企业相比，中国烟草的类卷烟物流业务尚处于起步和探索阶段，大多采用的形式是开展连锁店经营，比较有代表性的企业是上海海烟物流（整合上海烟草和糖酒业优势资源，专注于烟草、酒类、食品、百货分销与配送）和福建海晟零售连锁（专注于卷烟、雪茄烟、罚没零售，定型包装食品，日用百货批发、零售）。虽然各地类卷烟产业经营模式有所区别，但是共同点是依托主业客户和物流资源开展类卷烟商品经营配送及增值服务。

随着国家专卖行业发生的一系列内外部变化，烟草及医药商业企业面临着独特的挑战与机遇。在烟草行业，《烟草控制框架公约》的实施走出了控烟浪潮的第一步；在消费终端，客户对卷烟品牌和质量的要求不断提高，为卷烟销售带来挑战；多数烟草企业仅从事区域性的单一烟草配送业务，物流资源隔离严重，规模化效应差，配送成本相对较高，配送潜力不能得到有效挖掘；末端配送阶段，将货物交付终端客户，终端客户的情况千差万别，给配送工作带来了许多困难，造成货物不能及时配送或一次配送成功率不高等问题，从而导致服务质量的降低和配送成本的增加。在医药行业，2009 年，国家提出了"新医改"综合方案，提出要为群众提供安全、有效、方便、价廉的医疗卫生服务，为达到此目标，医药物流配送服务扮演着相当重要的角色，随着目标的变化和提高，医药物流配送服务需求也会发生变化；2012 年，党的十八大报告在"改善民生和创新管理中加强社会建设"的"提高人民健康水平"部分，对医药卫生工作做了部署，其中强调"保障人民群众用药安全""全面提升居民医疗保障能力"，表明党和国家对医药事业高度重视。介于医药流通体制、技术手段等问题，我国医药物流环节还存在如药价虚高、损耗较多、过期危害、过量用药、时效较差等亟待解决的难题。因此，整合烟草与医药物流资源、完善烟草与医药物流末端配送体系对我国烟草和医药行业的发展尤为重要。

医药物流作为一种特殊的物流形态，是医药制造企业、医药分销企业、医院和患者之间的联系和纽带，亦是类卷烟物流之一。医药物流是随着人们对医药知识的了解和掌握程度的提高，医药商品市场化、产业规模化以及分工专业化的迫切要求下，同时在一定程度上弱化药品特殊性，扩大其商品共性的基础上产生和发展的。产品购进渠道和市场分销渠道是医药物流存在的基石，也是其赢利创效的原始本钱。关注医药物流的产业特点及其发展走向，对深化我国当前医药流通体制改革，促进医药整体产业发展具有重要意义。

## 7.2　烟药物流共同配送可行性分析

### 7.2.1　基本情况分析

农村烟药物流末端环节基本情况的分析，以研究对象的整体发展环境为背景，主要从与研究对象相关的一些宏观性的指标如地方经济发展水平、人口规模、区域面积、道路状况、地理位置等多个方面进行调查分析。宏观环境决定着行业今后的发展及方向，影响着地区经济及人民的生活水平。

以分析农村的卷烟与医药物流发展现状为目的，本节主要分析与卷烟及医药物流行业相关的一些宏观性指标如经济发展水平、人口规模、道路状况、地理位置等，具体如图 7.1 所示。

由图 7.1 可知，与镇中心的距离越近，越容易因为地理位置的优势获得更多的基础设施建设等投资性项目，经济发展的机会更多，经济水平更容易接近或赶上当地的最高值，消费能力更强；同时，与乡镇的中心配送点距离更近，配送时间降低，配送成本更低。道路状况好，则当地与外界的联系更方便、快捷，内外市场得到开发和运输，从而带动当地的经济，提高消费水平；同时，道路状况的好坏直接影响配送成本，道路状况好，车辆损耗低，配送时间短；而路况较差，如农村机耕道，则会增大车辆的损耗，延长配送时间。村级规模越大，人口数量越多，整体消费水平更高，消费能力增强，卷烟和药品需求量增加。地方经济发展越好，消费者的消费水平更高，消费能力更强，因此卷烟与医药的需求量更大。

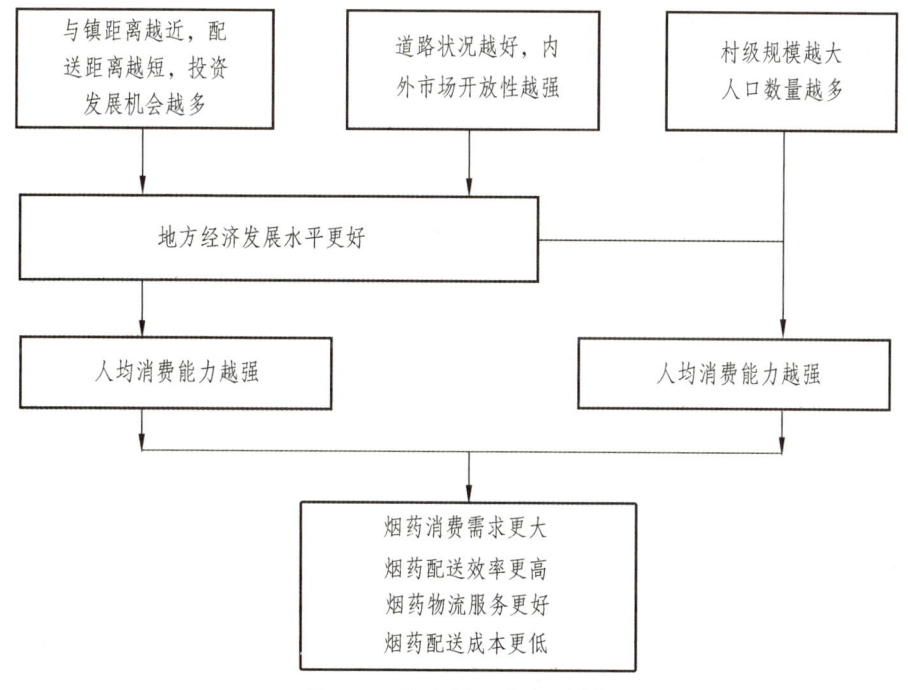

图 7.1 基本情况指标分析

为了验证以上基本指标的正确性和可行性，摸清目前在重庆市各经济水平层级区县的卷烟与医药物流运行的宏观环境，为后续开展具体影响因子的分析做准备，2016 年通过大规模的实地调研走访，获得了调研区县下辖的共 37 个村点的经济、村级规模、道路、与镇中心街道距离等基本情况数据。

表 7.1 调研村点基本情况

| 镇/乡 | 村 | 经济水平 | 人口规模（人） | 路况 | 村与镇距离（km） | 卷烟总需求（条/月） |
|---|---|---|---|---|---|---|
| 北碚区歇马镇 | 天马 | 好（企业/农家乐） | 约 3 500 | 硬化 | 8 | 1 325 |
|  | 人和 | 好（学校/农家乐/驾校/少数企业） | 约 3 600 | 硬化 | 3 | 855 |
|  | 石盘 | 一般（少数企业） | 约 2 000 | 硬化 | 9 | 805 |
|  | 东风 | 好（种植基地/农研所） | 约 3 000 | 硬化 | 2 | 435 |
| 大渡口跳磴镇 | 湾塘 | 好（工业园区/近镇中心） | 约 6 000 | 硬化 | 1 | 275 |
|  | 山溪 | 一般（企业关闭/住户外迁） | 约 1 000 | 硬化 | 4 | 1 335 |
|  | 沟口 | 较好（农家乐/企业） | 约 2 000 | 硬化 | 4.5 | 425 |
|  | 拱桥 | 一般（矿石开采） | 约 3 000 | 硬化 | 16 | 300 |
| 茶园区峡口镇 | 大石 | 较好（农家乐/小企业/驾校） | 约 2 000 | 硬化 | 8 | 185 |
|  | 柏林 | 好（基建项目/高校/种植园） | 约 2 500 | 硬化 | 3.5 | 1 580 |
|  | 大兴 | 好（近经开区/企业/镇街道） | 约 4 500 | 硬化 | 3 | 205 |
| 璧山璧城街道 | 新堰 | 较好（种植基地/企业） | 约 3 400 | 硬化/机耕道 | 3 | 170 |
|  | 双龙 | 好（果园/企业/养殖） | 约 3 000 | 硬化/机耕道 | 2 | 590 |
| 璧山区福禄镇 | 斑竹 | 好（产业基地/养老院） | 约 3 900 | 硬化 | 2.5 | 335 |
|  | 福中 | 好（镇街道，个体户） | 约 4 000 | 硬化 | 0 | ≥2 000 |
|  | 桂阳 | 较差（极少成建制产业） | 约 1 800 | 硬化/机耕道 | 6 | 20（无证） |
|  | 和平 | 一般（水库/养殖业） | 约 2 500 | 柏油/机耕道 | 4 | 85 |
| 涪陵区罗云乡 | 狮子梁 | 较好（烟叶种植/烤烟） | 约 3 600 | 柏油 | 12 | 1 325 |
|  | 池沱坝 | 较好（烟叶种植/烤烟） | 约 2 500 | 硬化 | 8 | 70 |
|  | 金家 | 较好（烟叶种植/烤烟） | 约 1 800 | 硬化 | 10 | 55 |
| 涪陵区焦石乡 | 楠木 | 较好（榨菜种植） | 约 2 800 | 硬化 | 7 | 30 |
| 涪陵江东街道 | 凉水 | 好（较多果园/矿产） | 约 3 000 | 柏油 | 17 | 270 |
|  | 营盘 | 好（果园/矿产开采基地） | 约 3 500 | 柏油 | 7 | 310 |

续表

| 镇/乡 | 村 | 经济水平 | 人口规模（人） | 路况 | 村与镇距离（km） | 卷烟总需求（条/月） |
|---|---|---|---|---|---|---|
| 万州区龙沙镇 | 沙包 | 好（近镇街道/处规划区） | 约3 000 | 柏油 | 7 | 300 |
| | 青龙 | 好（近镇街道/处开发区） | 约4 000 | 硬化 | 10 | 295 |
| | 雨台 | 较差（地理位置偏远/无产业） | 约2 200 | 硬化 | 12 | 105 |
| 万州区武陵镇 | 下中 | 较好（近镇中心/景区） | 约2 100 | 柏油 | 3 | 30 |
| 万州区鹿井乡 | 八羊 | 一般（人口较集中/种植基地） | 约3 000 | 硬化 | 6 | 90 |
| | 红谷 | 较好（近镇街道） | 约3 500 | 硬化 | 5 | 15 |
| 酉阳桃花源镇 | 花园 | 好（农家乐/5A景区/高速出入口） | 约3 500 | 柏油 | 7 | 570 |
| | 双福 | 好（属于工业园区） | 约4 500 | 硬化 | 10 | 460 |
| | 龙池 | 较好（基建基地/近工业园） | 约2 800 | 硬化 | 15 | 490 |
| 酉阳县龙潭镇 | 堰堤 | 较好（近镇街道/个体经营） | 约2 800 | 硬化 | 3 | 60 |
| | 川主 | 一般（近镇街道/个体户） | 约3 000 | 硬化 | 6 | 660 |
| | 梅树 | 好（中小企业/政府部门/个体户） | 约3 500 | 柏油 | 5 | 4 120 |
| 酉阳县麻旺镇 | 桂香 | 较好（学校/企业） | 约4 500 | 硬化 | 3 | 6 310 |
| | 下溪 | 较差（地理位置较差） | 约1 500 | 硬化 | 8 | 55（无证） |

从表7.1中可以看出，调研主要分为三大模块，分别为主城区县模块，即在行政划分或地理位置上属于主城辖区范围，包含北碚区、南岸区、大渡口区等3个区县，调研3镇11村；周边区县在地理位置上靠近主城，包含璧山区和涪陵区等2个区县，调研5镇（乡/街道）12村；较远区县则是在地理位置上远离主城，包含万州区和酉阳县2个区县，调研6镇（乡）14村。

表7.2和图7.2为各个乡镇或街道所调研的各村其卷烟需求最高及最低的基本情况对比，结合调研各村的基本情况分析表，下面从具体实例验证经济水平、村级规模、道路状况及地理位置等对卷烟及医药物流的影响。

表 7.2　各镇卷烟需求高低对比

| 镇/乡/街道 | 最　高 | | 最　低 | |
|---|---|---|---|---|
| | 村 | 需求量 | 村 | 需求量 |
| 歇马镇 | 天马村 | 1 325 | 东风村 | 435 |
| 跳蹬镇 | 山溪村 | 1 335 | 湾塘村 | 275 |
| 峡口镇 | 柏林村 | 1 580 | 大石村 | 185 |
| 壁城街道 | 双龙村 | 590 | 新堰村 | 170 |
| 福禄镇 | 福中村 | ≥2 000 | 桂阳村 | 20（无证） |
| 罗云乡 | 狮子梁村 | 1 325 | 金家村 | 55 |
| 江东街道 | 营盘村 | 310 | 凉水村 | 270 |
| 龙沙镇 | 沙包村 | 300 | 雨台村 | 105 |
| 鹿井乡 | 八羊村 | 90 | 红谷村 | 15 |
| 桃花源镇 | 花园村 | 570 | 双福村 | 460 |
| 龙潭镇 | 梅树村 | 4 120 | 堰堤村 | 60 |
| 麻旺镇 | 桂香村 | 6 310 | 下溪村 | 55（无证） |

　　从图 7.2 卷烟需求高低图可以看出，卷烟单月销售量最高的为麻旺镇桂香村，该村共有 51 个卷烟零售烟点，月总销量达到 6 310 条。医疗服务点超过 5 个，包括村卫生室、私人诊所、连锁药店等。该村如此高的卷烟及医药需求，主要得益于其优越的地理位置条件和较大的人口规模。图 7.3 是该村各卷烟及医药摊点的具体分布图。

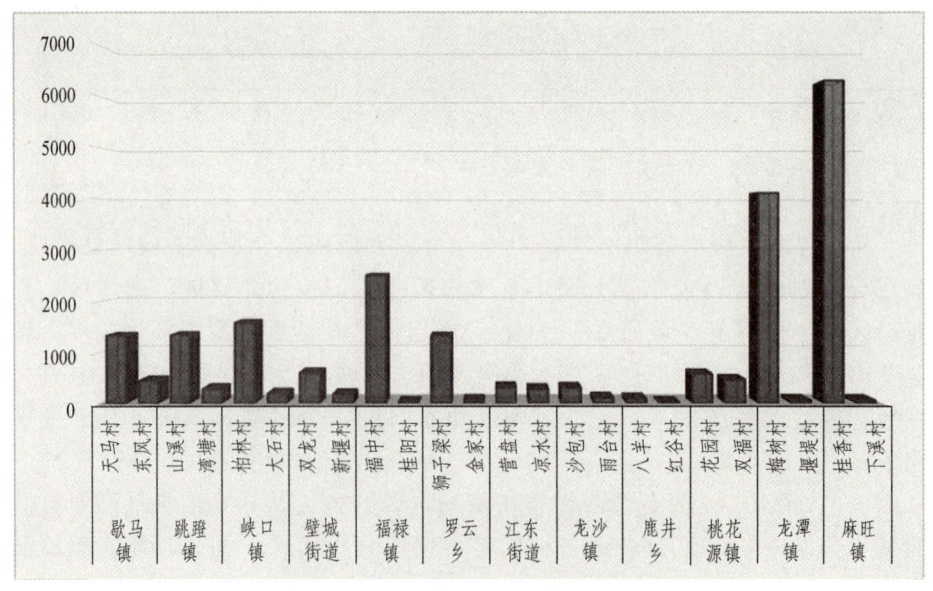

图 7.2　各镇卷烟需求高低对比

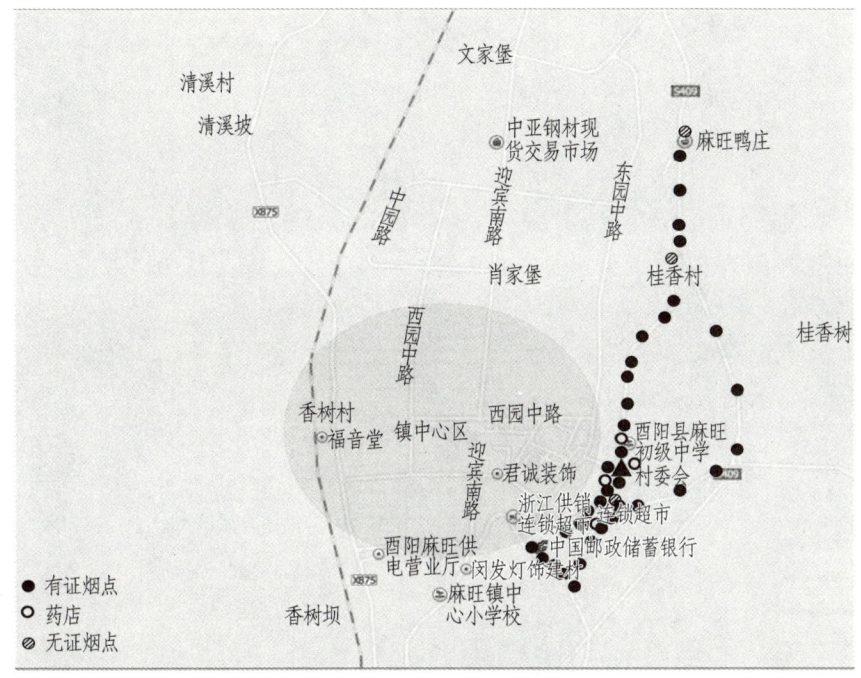

图 7.3 桂香村烟药分布

从地理位置考虑，桂香村位于龙潭镇中心区域东区域，西近麻旺镇东园中路，以河为界，偏东即为桂香村所在地，存在大量个体商户，无论是食品、生活用品还是服务类商家，绝大多数都拥有卷烟销售摊点放置于门市前进行卷烟销售。

从村级规模考虑，该村辖区范围内有较多镇属公共设施或单位位于该处，如学校、个别政府部门、银行等，俨然已形成地方商业集中区，有大量常驻或流动人口，且目前当地政府在桂香村北开展地方经济区规划建设，城区面积不断扩大，使得区域范围内总体消费能力上升，因此卷烟及医药需求量较大。

得益于地理位置和村级规模而烟药需求较大的村点还有龙潭镇梅树村、福禄镇福中村等地，这些村点的地理位置往往就在镇中心或靠近镇中心，人口较为集中，人口流动性较大，经济水平较当地其他村更高，因此消费水平和消费能力更强。

接下来分析经济水平与烟药需求之间的关系，以歇马镇天马村和跳蹬镇山溪村为例，其烟药具体分布点如图 7.4 和图 7.5 所示。

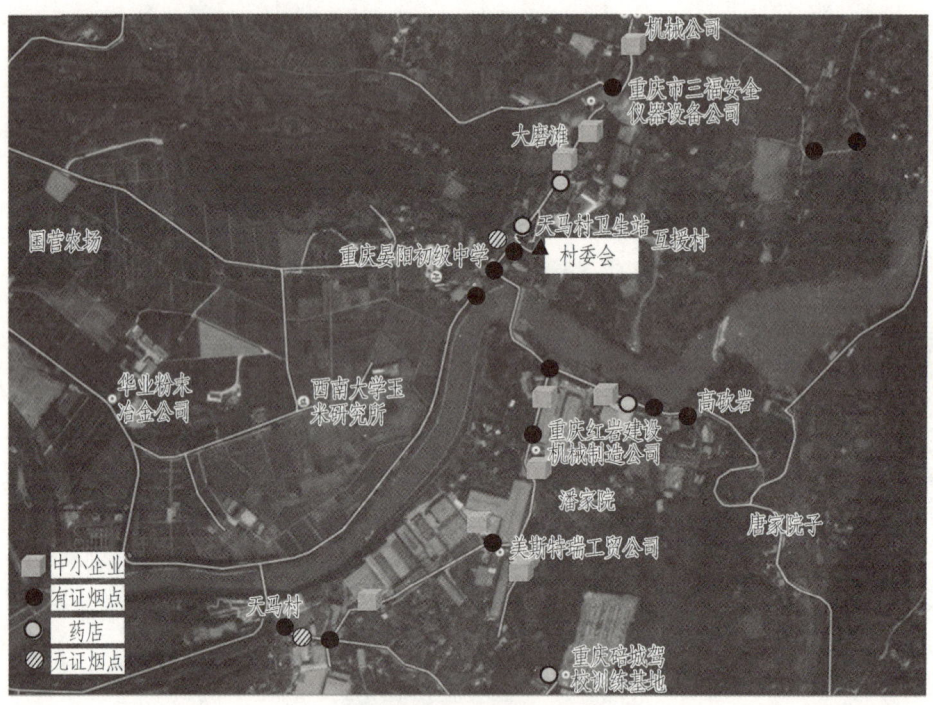

图 7.4  天马村烟药分布

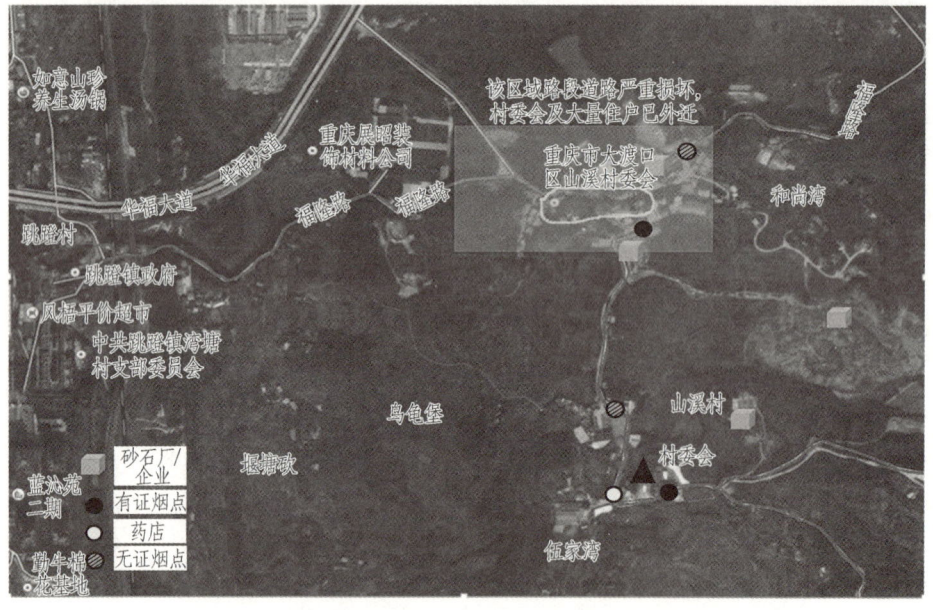

图 7.5  山溪村烟药分布

天马村共有 13 个有证烟点，至少 4 个无证烟点，2 个药店，单月卷烟销量为 1 325 条，药品需求较大，且有冷链等要求。该村地处歇马镇东南地区，地理位置较为偏远，仅 1 条村干道与歇马镇中心相通，距离镇街道约 8 km。村干道道路情况为硬化路，且维护较好，有乡村公交直达歇马镇。从经济发展水平方面考虑，该村则占有较大优势，因为该村有超过数十家从事机械、加工等行业的中小企业，多数位于磨滩河南岸，由于地方经济水平发展较快，就业机会较多，人口流动性大，人均和总体消费能力强，这片区域分布有 8 个卷烟零售摊点，1 个村卫生室，烟药摊点占全村烟药点的比例超过 50%，区域卷烟销量占全村的 65%。另一个烟药需求较多的区域在村委会附近，原因主要是有大量的茶馆等娱乐场所分布于此，人口流动性大。

### 7.2.2 产品特性分析

卷烟与医药自身的产品特性直接决定选择何种配送车辆及在途配送的条件。产品特性包括产品自身的物理或化学性质、需求量多少、规格大小、是否有特殊配送条件要求等多个方面，它们均关系到共同配送产品的车辆选择、配送条件及产品之间的相容性等，如图 7.6 所示。

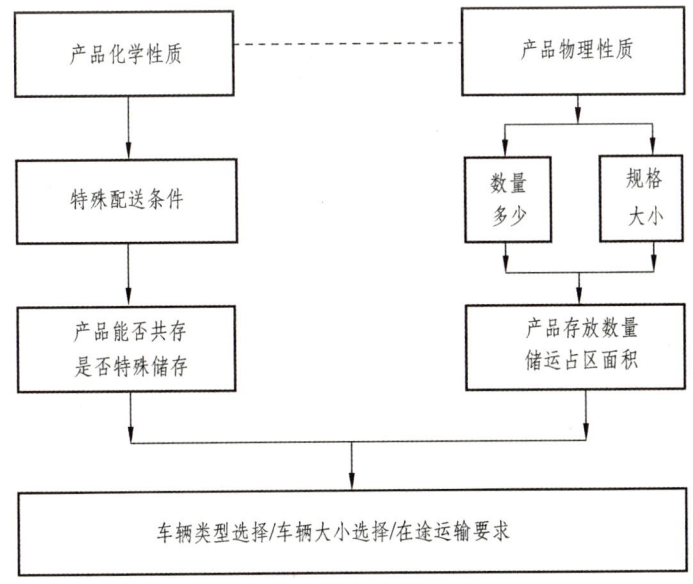

图 7.6　产品特性分析图

图 7.6 分析了产品的物理及化学性质与物流配送之间的关系。物理性质考虑产品自身规格的大小、产品需求量的多少等，因为配送产品的规格大小及需求量的多少直接关系到配送车辆的装载量的选择及产品的储运方式。实施共同配送时，根据同一配送线路的产品的总规格大小等合理调整配送产品的装载、安排配送车辆、制定配送计划等，从而保证共同配送的顺利开展。考虑共同配送产品的化学性质的原因在于个别配送产品自身的化学性质易爆、有毒或与其他共同配送的产品若保护不当而产生化学反应等造成较严重的伤害。因此需要在合作之前充分了解各合作方产品的化学性质，选择合适的配送车辆，满足必要的配送条件，实现更安全可靠的共同配送。

通过具体的实地调研数据，从卷烟与药品的特殊配送条件、单次最大或最小配送量、同村配送总量、配送的卷烟和药品规格大小等具体指数着手，分析关键指数与烟药物流共同配送模式构建之间的关系，并根据分析结果合理调整现有的配送模式，如表 7.3 所示。

表 7.3　烟药产品特性调查

| 类别区县 | 镇/乡 | 村 | 卷烟需求量（条/月）最低 | 卷烟需求量（条/月）最高 | 卷烟需求总量（条/月） | 药品需求量类别 规格 | 药品需求量类别 有无冷链 |
|---|---|---|---|---|---|---|---|
| 主城区县 | 北碚区歇马镇 | 天马村 | 15 | 245 | 1 325 | 较大 | 有 |
| | | 人和村 | 25 | 445 | 855 | 较大 | 有 |
| | | 石盘村 | 10 | 195 | 805 | 一般 | 有 |
| | | 东风村 | 15 | 160 | 435 | 一般 | 有 |
| | 大渡口跳磴镇 | 湾塘村 | 275 | 275 | 275 | 较大 | 有 |
| | | 山溪村 | 130 | 1 205 | 1 335 | 一般 | 无 |
| | | 沟口村 | 95 | 225 | 425 | 较小 | 无 |
| | | 拱桥村 | 130 | 170 | 300 | 较大 | 有 |
| | 茶园区峡口镇 | 大石村 | 30 | 285 | 185 | 较小 | 无 |
| | | 柏林村 | 20 | 1 220 | 1 580 | 一般 | 有 |
| | | 大兴村 | 15 | 180 | 205 | 较大 | 有 |
| 周边区县 | 璧山璧城街道 | 新堰村 | 25 | 75 | 170 | 一般 | 有 |
| | | 双龙村 | 20 | 325 | 590 | 较大 | 有 |
| | 璧山区福禄镇 | 斑竹村 | 55 | 145 | 335 | 一般 | 有 |
| | | 福中村 | 20 | 790 | ≥2 000 | 大 | 有 |
| | | 桂阳村 | 20 | 20 | 20（无证） | 较小 | 无 |
| | | 和平村 | 15 | 45 | 85 | 一般 | 有 |

续表

| 类别区县 | 镇/乡 | 村 | 卷烟需求量（条/月） | | 卷烟需求总量（条/月） | 药品需求量类别 | |
|---|---|---|---|---|---|---|---|
| | | | 最低 | 最高 | | 规格 | 有无冷链 |
| 周边区县 | 涪陵区罗云乡 | 狮子梁村 | 5 | 465 | 1 325 | 一般 | 有 |
| | | 池沱坝村 | 15 | 35 | 70 | 较小 | 无 |
| | | 金家村 | 55 | 55 | 55 | 较小 | 无 |
| | 涪陵区焦石乡 | 楠木村 | 30 | 30 | 30 | 较小 | 无 |
| | 涪陵江东街道 | 凉水村 | 35 | 100 | 270 | 一般 | 有 |
| | | 营盘村 | 10 | 90 | 310 | 较大 | 有 |
| 较远区县 | 万州区龙沙镇 | 沙包村 | 30 | 270 | 300 | 一般 | 有 |
| | | 青龙村 | 5 | 125 | 295 | 较大 | 有 |
| | | 雨台村 | 35 | 70 | 105 | 较小 | 无 |
| | 万州区武陵镇 | 下中村 | 30 | 30 | 30 | 一般 | 无 |
| | 万州区鹿井乡 | 八羊村 | 15 | 45 | 90 | 一般 | 有 |
| | | 红谷村 | 15 | 15 | 15 | 较小 | 无 |
| | 酉阳桃花源镇 | 花园村 | 10 | 265 | 570 | 一般 | 有 |
| | | 双福村 | 15 | 145 | 460 | 较大 | 有 |
| | | 龙池村 | 15 | 145 | 490 | 一般 | 无 |
| | 酉阳县龙潭镇 | 堰堤村 | 15 | 30 | 60 | 较小 | 有 |
| | | 川主村 | 10 | 405 | 660 | 一般 | 有 |
| | | 梅树村 | 10 | 1 100 | 4 120 | 大 | 有 |
| | 酉阳县麻旺镇 | 桂香村 | 15 | 965 | 6 310 | 一般 | 有 |
| | | 下溪村 | 15 | 40 | 55(无证) | 一般 | 有 |

表 7.3 中的药品规格指标分为较小、一般、较大、大等四个等级，其划分原则是按照单次配送药品价值进行确定，具体划分方式如表 7.4 所示。

表 7.4 药品需求规格划分标准

| 药品价值 | ≤300 元 | 300~600 元 | 600~1 000 元 | ≥1 000 元 |
|---|---|---|---|---|
| 指标 | 较小 | 一般 | 较大 | 大 |

药品需求规格划分标准存在较多主观因素，上述标准通过多个村卫生室负责人或诊所医生的经验总结而制定，以单次配送药品的实际价格确定，划分为 4 个等级。此处未按照配送药品的体积进行划分的原因在于类似各个村卫生室或私人诊所等各类药品的消费终端，其需求量无论在规格、需求种类还是数量上都无法与医院、连锁药房等商业性终端做比较，所需药品多用塑料袋等即可完成包装，所占空间极小。即使在某个镇或村药品需求量较高，单次订货量价值超过 1 000 元甚至更多，其药品的规格大小仍然不足以对配送车辆的装载率构成较大的威胁，因为药品本身的价值较高，而规格较小。大多数终端销售点的药品运输多是以塑料袋或纸箱的形式完成包装，冷链药品则需放入特定的冷链箱等设备完成装运。

针对卷烟需求情况，从图 7.7 可以看出，卷烟需求总量超过 1 000 条/月的有 7 个村，其中最高的为酉阳县麻旺镇桂香村，单月该村各烟点订货总量为 6 310 条。桂香村靠近麻旺镇街道，属麻旺镇郊区，但此处有学校、工业园区、个体户等，人口流动性大，发展较好，为麻旺镇商业区。有 10 个村的单月订货量低于 100 条，最低是万州区鹿井乡红谷村，仅 15 条/月。超过 50%的村单月卷烟需求量为 100～1 000 条。

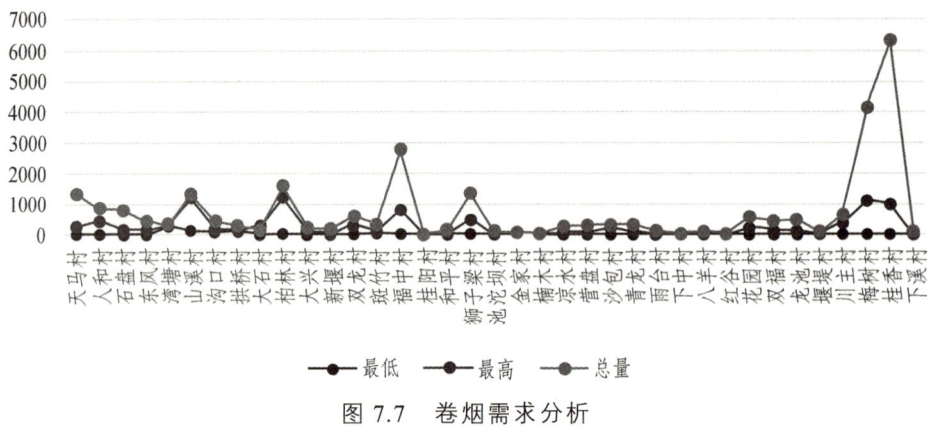

图 7.7 卷烟需求分析

因此，除靠近各镇中心街道或有大量人口聚集（开发区、学校、景区等）的村点卷烟销量较高之外，超过 85%的村其卷烟的单月销量均在 2 000 条以下，而烟草公司的配送车辆最低装载量为 80 万支（4000 条），因此不存在空间大小影响配送的问题。

从烟药产品特性调查表中可以看出，所调研的 37 个对象村中，仅有 2 个村的单次药品配送量价值大，原因在于该对象村位于镇中心或属于镇街道的一部分，这些地区往往不只有 1 个村卫生室，还有较多的私人诊所，甚至有连锁药房等，因而其药品需求量偏大。有超过 45.9%的村其药品需求量趋于一般水平，单次药品需求量为 300～600 元。存在部分村点，如茶园区峡口镇大石村等，其药品需求量较少，地理位置较为偏远。

总的来说，药品的配送无论在规格、需求种类还是数量上都不足以影响到车辆的装载率，原因主要有以下两个方面：一是需求少，在农村的药品需求多为基本药用品，如感冒药或少数非处方类药品（OTC），特殊药品只有疫苗，但需求频率极低，1～2 次/年；二是规格小，这是由药品自身的产品特性决定的，大多数终端销售点的药品运输分类是根据客户的不同以塑料袋或纸箱的形式将各个客户的药品完成包装后配送，冷链药品只需放入特定的冷链箱等设备完成装运。因此，在配送空间上两者具有一致性。

关于药品需求，由图 7.8 可以看出，仅有璧山区福禄镇福中村和酉阳县龙潭镇梅树村的药品需求较多，规格大。这主要是因为福中村近福禄镇街道所在地，除了村卫生室外还有至少 2 家私人诊所、2 家连锁药店，而梅树村则近龙潭古镇街道，实际属于镇街道的一部分，处于规划区，该村干道两边有至少 3 家私人诊所 1 家连锁药店。另外，有超过 70%的比例、26 个村点的单月药品需求价值量为 300～1 000 元，说明在农村末端环节的单月药品需求量的确不高，这也可以从实际调研中证实，因为药品的规格大小取决于配送药品的实际配送量及配送药品种类，但是在调研过程中发现，类似各村卫生室或私人诊所等各类消费终端的单次配送需求不大，均为多品种、小批量。

综上所述，无论是从卷烟与药品的配送量、特殊配送条件还是规格大小上讲，卷烟和药品的产品特性直接影响共同配送模式的建立。而从实际数据分析中可以得知，农村环节的卷烟与药品需求量均不大，因此规格相应减小，且要求冷链的配送药品极少，即使存在，也可通过较简易的冷链箱完成配送。因此，从产品特性方面考虑，满足构建共同配送模式的要求。

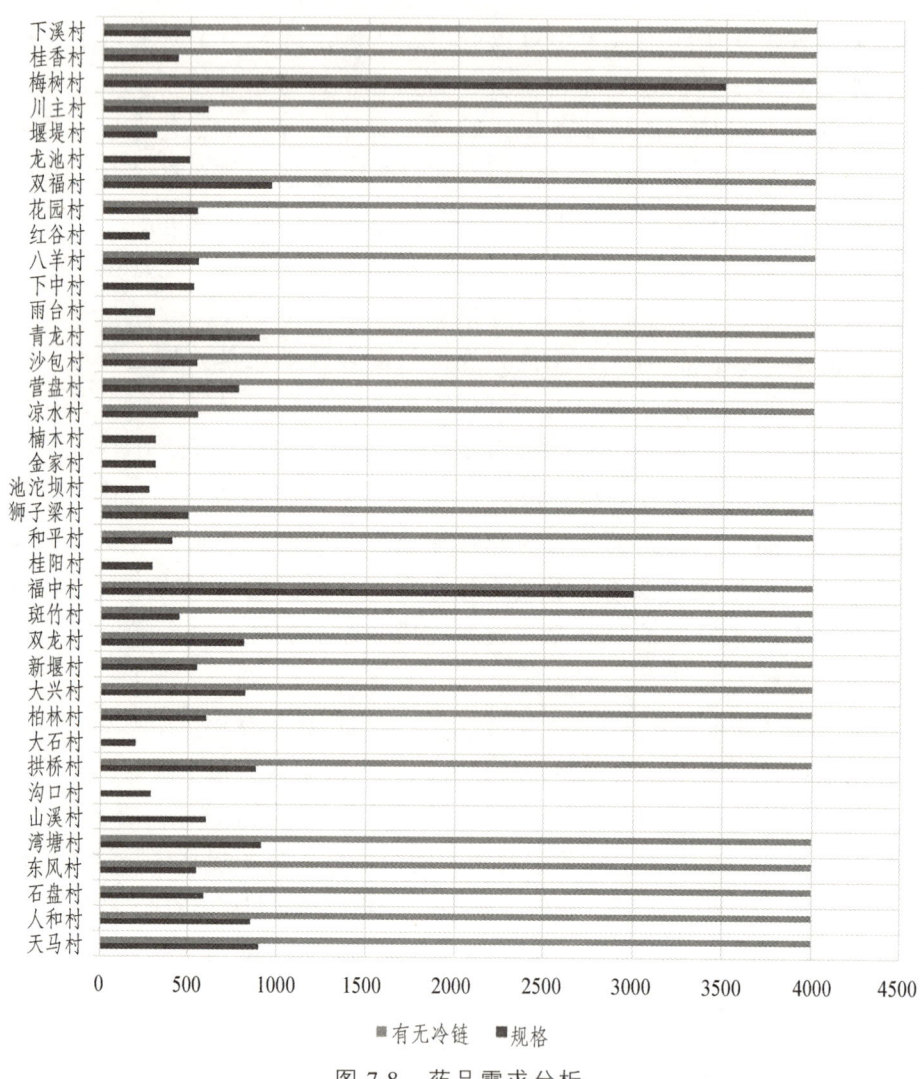

图 7.8 药品需求分析

### 7.2.3 配送网点及线路分析

配送网点的分析，主要分析各个村的卷烟配送摊点和医药配送摊点的地理分布位置、实际距离等，通过研究分析卷烟与药品配送摊点的实际距离，计算出卷烟与医药共同配送的理论配送费用，并与现阶段的卷烟与医药物流单独配送总费用做对比分析，得出两种配送方式在配送成本、配送效率等方面的数据对比，选择配送成本更低的配送方式。

配送线路的一致性分析，即是考虑分析同一配送地区（村）卷烟与医药物流配送车辆的路径问题，车辆路径问题就是指配送车辆从配送中心出发把货物送达对应客户点所经过的路径集合。解决车辆路径问题的目的就在于分派合理的配送车辆数量沿着最合理的运行路线把货物从配送中心送达相应的客户点，为货物运输制定合理的配送方案，从而降低企业配送成本，提升客户服务水平及满意度。合理的配送车辆数及运行配送路线能够减少客户配送次数、简化配送程序、提高配送车辆载货量。它是按照客户对配送时间窗要求，根据客户的货物需求量合理派送配送车辆，从配送中心（或物流中心、车场、仓库等）出发有计划的按最佳的行驶路线把货物送达客户目的地，并返回配送中心，使得配送总成本花费最少（或配送时间最短、配送距离最短）。在这个过程中我们最关心的是如何安排最佳的配送行驶路线，在满足客户要求的条件下，把货物送达路线上对应的需求客户点，最终达到配送目标。

如图 7.9 所示，一般情况下，车辆在完成农村终端配送的过程中由于先天的劣势，配送线路较为单一，而配送方式复杂多样，缺乏更为规范、合理的配送优化。

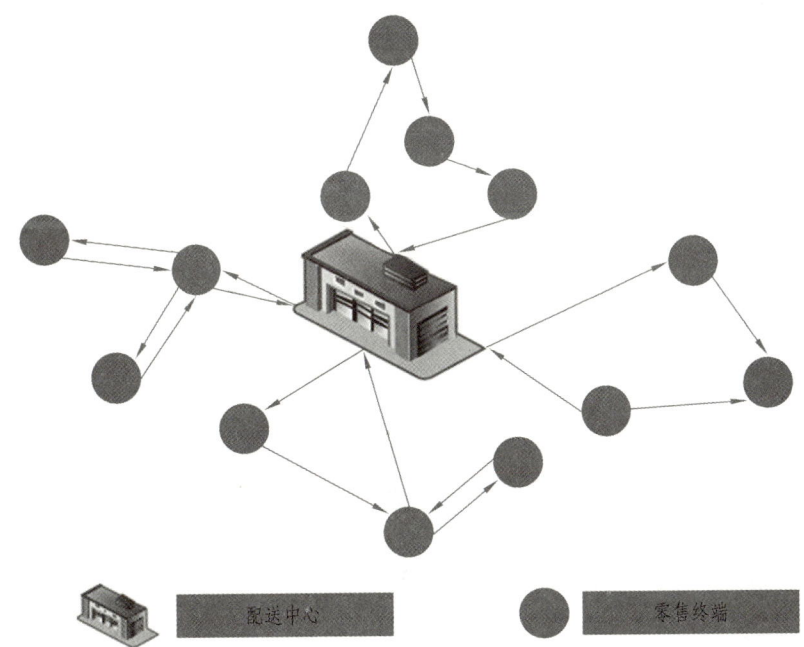

图 7.9　车辆配送线路

在线路选择上，由于农村物流网络较广，摊点分布较散，且各点关联度较低，各村可供通行的较为规范的村干道单一，通常只有 1 条左右，且某些邻村之间无可供配送车辆顺利通过的道路，需要采取迂回的方式完成下一个配送点的任务，由此往往需要付出较大的配送成本。

此次调研的具体区县、乡镇及村点共涉及 37 个（见表 7.5），超过 290 个卷烟零售摊点，45 个村级医疗卫生点。本节重点分析 37 个村点的卷烟与医药配送网点的相对分布位置及两者之间的配送线路一致性问题。

本节重点考虑两者的配送线路一致性，即在卷烟配送与医药配送的现有配送线路上，双方是否处于在同一条配送线路，是否能够通过路径优化实现卷烟与医药物流共同配送成本的降低，从而实现双方的利益共赢。表 7.5、表 7.6 分别是烟药点数量表及烟药距离分析表，图 7.10 为烟药点距离分析图。

表 7.5　各村烟药点数量

| 镇/乡 | 村 | 有证烟点（个） | 无证烟点（个） | 药店（个） |
|---|---|---|---|---|
| 北碚区歇马镇 | 天马村 | 13 | ≥4 | 2 |
| | 人和村 | 6 | ≥5 | 2 |
| | 石盘村 | 8 | ≥2 | 1 |
| | 东风村 | 5 | ≥3 | 1 |
| 大渡口跳磴镇 | 湾塘村 | 1 | ≥2 | 1 |
| | 山溪村 | 2 | ≥1 | 1 |
| | 沟口村 | 2 | ≥2 | 1 |
| | 拱桥村 | 2 | ≥1 | 1 |
| 茶园新峡口镇 | 大石村 | 3 | ≥3 | 2 |
| | 柏林村 | 5 | ≥2 | 1 |
| | 大兴村 | 4 | ≥2 | 1 |
| 璧山璧城街道 | 新堰村 | 4 | ≥3 | 1 |
| | 双龙村 | 6 | ≥8 | 5 |
| | 斑竹村 | 3 | ≥1 | 1 |
| 璧山区福禄镇 | 福中村 | ≥20 | ≥4 | 6 |
| | 桂阳村 | 0 | ≥1 | 1 |
| | 和平村 | 3 | ≥1 | 1 |
| 涪陵区罗云乡 | 狮子梁村 | 10 | ≥1 | 3 |
| | 池沱坝村 | 3 | 0 | 1 |
| | 金家村 | 1 | ≥1 | 2 |

续表

| 镇/乡 | 村 | 有证烟点（个） | 无证烟点（个） | 药店（个） |
|---|---|---|---|---|
| 涪陵区焦石乡 | 楠木村 | 1 | 0 | 1 |
| 涪陵江东街道 | 凉水村 | 4 | 0 | 1 |
| | 营盘村 | 8 | ≥3 | 2 |
| | 沙包村 | 2 | 0 | 1 |
| 万州区龙沙镇 | 青龙村 | 4 | ≥2 | 1 |
| | 雨台村 | 2 | ≥1 | 1 |
| 万州区武陵镇 | 下中村 | 1 | 0 | 1 |
| 万州区鹿井乡 | 八羊村 | 3 | ≥1 | 1 |
| | 红谷村 | 1 | ≥1 | 1 |
| 酉阳桃花源镇 | 花园村 | 8 | ≥3 | 2 |
| | 双福村 | 6 | ≥2 | 1 |
| | 龙池村 | 4 | ≥1 | 1 |
| | 堰堤村 | 3 | ≥1 | 1 |
| 酉阳区龙潭镇 | 川主村 | 6 | ≥2 | 1 |
| | 梅树村 | 31 | ≥4 | ≥5 |
| 酉阳区麻旺镇 | 桂香村 | 51 | ≥3 | ≥5 |
| | 下溪村 | 0 | ≥2 | 1 |

表 7.6 烟药距离分析

| 烟药距离(m) | ≤50 m | 51~100 m | 101~500 m | 501~1 000 m | >1 000 m |
|---|---|---|---|---|---|
| 村点 | 天马村<br>石盘村<br>柏林村<br>大兴村<br>沟口村<br>山溪村<br>拱桥村<br>福中村<br>斑竹村<br>和平村<br>桂阳村 | 金家村<br>楠木村<br>双福村<br>花园村<br>梅树村<br>堰堤村<br>龙池村<br>桂香村<br>沙包村<br>青龙村<br>雨台村 | 人和村<br>狮子梁村<br>营盘村 | 东风村<br>川主村<br>下溪村<br>八羊村 | 湾塘村<br>凉水村 | 大石村 |

续表

| 烟药距离(m) | ≤50 m | 51~100 m | 101~500 m | 501~1 000 m | >1 000 m |
|---|---|---|---|---|---|
| 村点 | | 双龙村<br>新堰村<br>池沱<br>坝村 | 下中村<br>红谷村 | | |
| 合计 | 27个 | 3个 | 4个 | 2个 | 1个 |

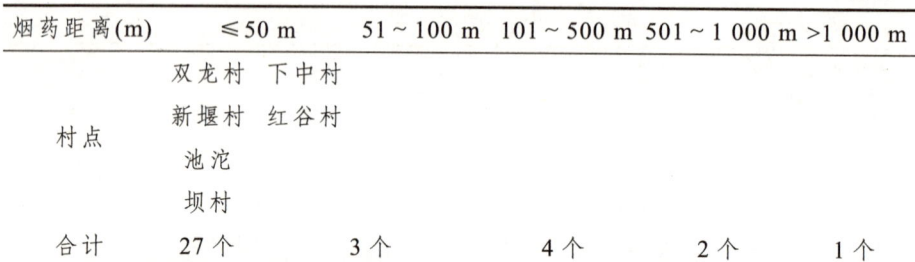

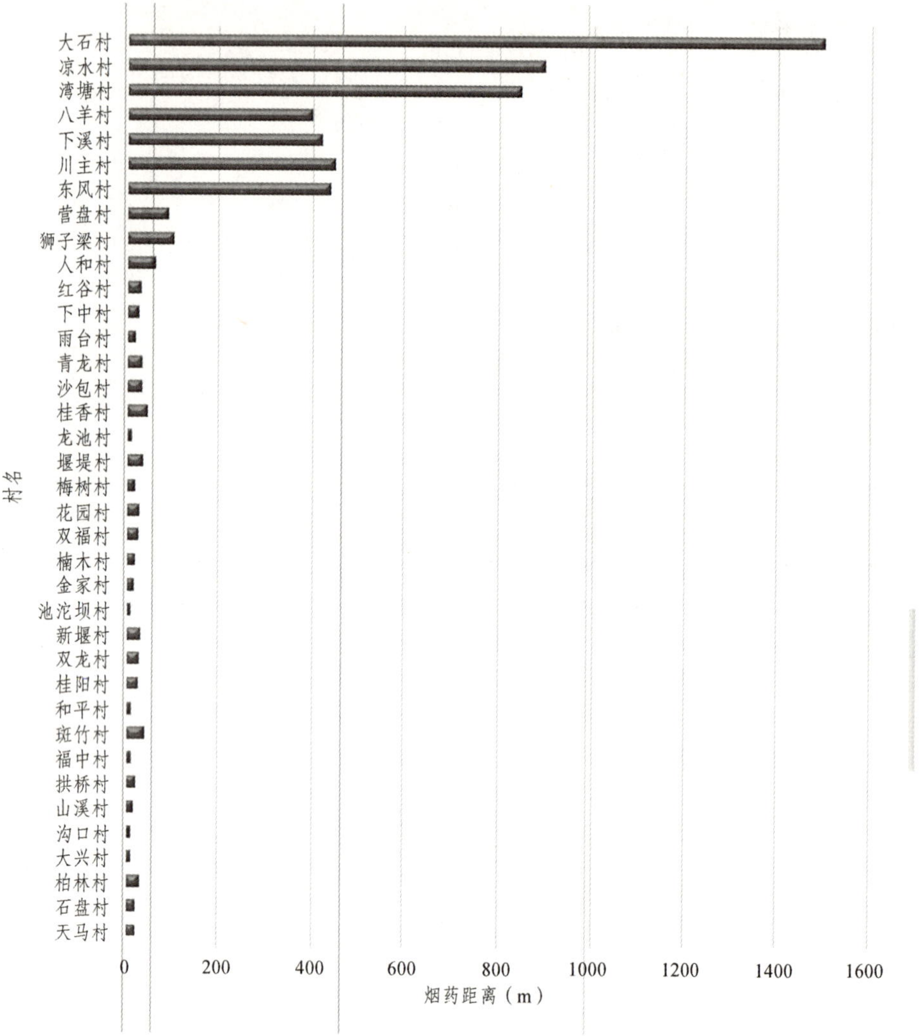

图 7.10 烟药点距离分析图

从烟药距离分析表和烟药点距离分析图可以看出，有超过 72%的村点其卷烟配送点和药品配送点之间的距离在 50 m 以内，这些村点的卷烟和医药销售点均位于村便民服务中心，实际距离很近。仅有峡口镇大石村的烟药距离较远，原因在于大石村便民服务中心西迁，村卫生室仍在原地，3 个有证烟点分布在便民服务中心、驾校及农家乐中，且大石村地理位置较远，仅有 1 条村干道自东向西延伸，道路多在丛林中穿行，地势较为险要，但仍然在同一村干道上，配送线路一致。

图 7.11 所示的是调研各村的卷烟零售摊点和医疗服务点的实际分布情况，绘制该图的主要目的在于直观描述所调研区县各村的卷烟和医药摊点的实际相对地理位置。根据图 7.11 所示，可得以下几个结论：

（1）存在医疗服务点（村卫生室、连锁药店、诊所等）的地方一定存在卷烟零售摊点，烟药点实际距离较近。因为医疗服务点通常建立在村便民服务中心，此处一般为村级行政中心，人口较为集中，流动性大，消费能力更强，卷烟、副食等大众性消费品通常也集中在该服务中心。烟药距离是指同一村点医疗服务点与最近卷烟零售摊点之间的距离。

（2）无证烟点较多。实际调研过程中发现，无证烟点的经营在农村已是普遍现象，平均各村 2～4 个，且无证烟点往往"因地制宜"，大多数设立在施工场地、工业园区、驾校或距离村中心较为偏远的地方，其产品来源不明确，配送方式均为自提。

（3）卷烟摊点数量比药品售卖点更多。卷烟属大众性消费品，药品属人类不可或缺的消费品，两者均在需求时消费，但卷烟的消费需求较药品而言更为频繁，在相同时间期，卷烟需求量比药品需求量更大，因此销售点更多。

（4）卷烟零售摊点分布比医疗服务点更广。卷烟零售摊点除在村中心分布之外，往往还存在某些人口暂时性较为集中或距离村中心较为偏远的地区，如开发区、施工地、企业等附近，零售摊点较为分散，且各点的消费能力参差不齐。

（5）烟药销售点均分布在村干道两旁，交通便利。现阶段重庆市已实现"村村通"，且道路硬化率达到 99%以上，因此配送条件良好。

（6）同村的烟药配送线路具有一致性。由于各村已实现"村村通"，但每村往往仅有 1 条村干道，村便民服务中心、卷烟销售摊点及村卫生室等均位于村干道两旁，因此同一村级的烟药配送点基本位于同一配送线路上，只是距离远近问题。

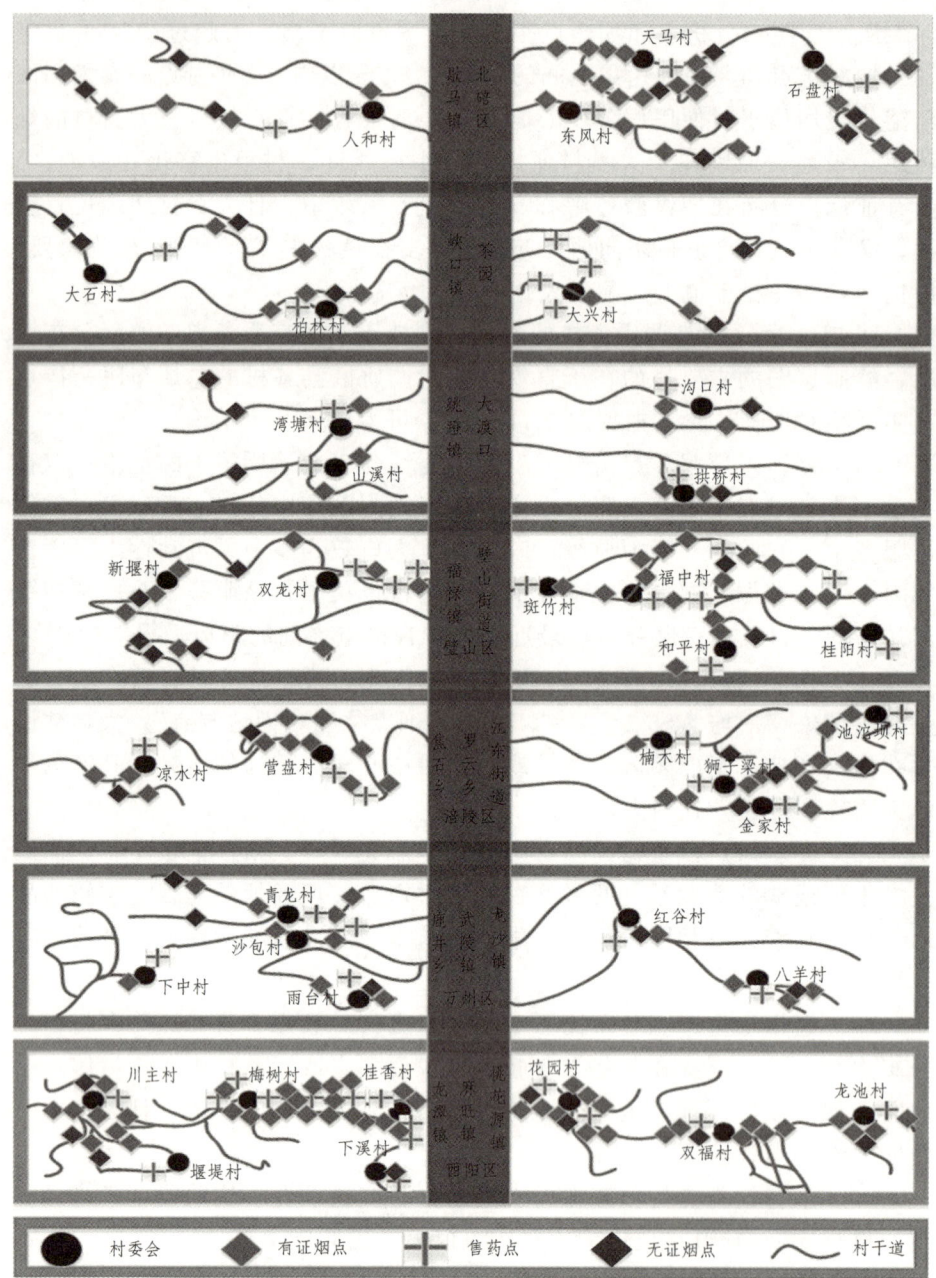

图 7.11 烟药配送点分布

（7）相邻村之间烟药配送线路无一致性。同一镇级的村与村之间往往仅有辅助道路或小路相通，缺乏规范化的道路交通，配送车辆不能或不易通行，因此通常在完成一个点的配送任务后需返回到乡道公路再重新进行下一个村点的烟药配送。

### 7.2.4 配送车辆分析

配送车辆分析，即分析在农村环节的卷烟和药品配送中所用车辆的基本情况，重点从配送产品的条件要求、配送车辆类型等方面研究分析烟药配送车辆的相容性，为实现农村烟药物流末端共同配送模式构建作基础准备，如表 7.7 所示。

表 7.7　烟药配送车辆信息

| 镇/乡 | 村 | 配送车辆 | |
|---|---|---|---|
| | | 卷烟 | 医药 |
| 北碚区 歇马镇 | 天马村 | 中轻型厢式货车 | 厢式货车/面包车/封闭式货车 |
| | 人和村 | 中轻型厢式货车/自提 | 厢式货车/面包车/封闭式货车 |
| | 石盘村 | 中轻型厢式货车/自提 | 厢式货车/面包车/封闭式货车 |
| | 东风村 | 中轻型厢式货车 | 厢式货车/面包车/封闭式货车 |
| | 湾塘村 | 中轻型厢式货车 | 厢式货车/面包车/封闭式货车 |
| 大渡口 跳磴镇 | 山溪村 | 中轻型厢式货车 | 厢式货车/面包车 |
| | 沟口村 | 中轻型厢式货车 | 厢式货车/面包车 |
| | 拱桥村 | 中轻型厢式货车 | 厢式货车/面包车 |
| 茶园 峡口镇 | 大石村 | 自提 | 厢式货车/面包车 |
| | 柏林村 | 中轻型厢式货车 | 厢式货车/面包车/封闭式货车 |
| | 大兴村 | 中轻型厢式货车 | 厢式货车/面包车/封闭式货车 |
| 璧山璧 城街道 | 新堰村 | 中轻型厢式货车/自提 | 厢式货车/面包车/封闭式货车 |
| | 双龙村 | 中轻型厢式货车/自提 | 厢式货车/面包车/封闭式货车 |
| 璧山区 福禄镇 | 斑竹村 | 邮政小型面包车 | 面包车 |
| | 福中村 | 邮政小型面包车 | 厢式货车/面包车/封闭式货车 |
| | 桂阳村 | 自提 | 面包车 |
| | 和平村 | 邮政小型面包车 | 面包车 |
| 涪陵区 罗云乡 | 狮子梁村 | 中轻型厢式货车 | 厢式货车/面包车 |
| | 池沱坝村 | 中轻型厢式货车 | 厢式货车/面包车 |
| | 金家村 | 中轻型厢式货车 | 厢式货车/面包车 |

续表

| 镇/乡 | 村 | 配送车辆 | |
|---|---|---|---|
| | | 卷烟 | 医药 |
| 涪陵区焦石乡 | 楠木村 | 中轻型厢式货车 | 厢式货车/面包车 |
| 涪陵江东街道 | 凉水村 | 中轻型厢式货车 | 厢式货车/面包车 |
| | 营盘村 | 中轻型厢式货车 | 厢式货车/面包车 |
| 万州区龙沙镇 | 沙包村 | 自提 | 面包车 |
| | 青龙村 | 自提 | 面包车 |
| | 雨台村 | 自提 | 面包车 |
| 万州区武陵镇 | 下中村 | 中轻型厢式货车/自提 | 厢式货车/面包车 |
| 万州区鹿井乡 | 八羊村 | 自提 | 面包车 |
| | 红谷村 | 自提 | 面包车 |
| 酉阳桃花源镇 | 花园村 | 面包车/三轮车 | 厢式货车/面包车 |
| | 双福村 | 面包车/三轮车 | 厢式货车/面包车 |
| | 龙池村 | 面包车/三轮车 | 厢式货车/面包车 |
| 酉阳县龙潭镇 | 堰堤村 | 面包车/三轮车 | 厢式货车/面包车 |
| | 川主村 | 面包车/三轮车 | 厢式货车/面包车 |
| | 梅树村 | 面包车/三轮车 | 厢式货车/面包车 |
| 酉阳县麻旺镇 | 桂香村 | 面包车/三轮车 | 厢式货车/面包车 |
| | 下溪村 | 自提 | 厢式货车/面包车 |

从表 7.7 中可以看出，卷烟配送存在个别自提烟点，多为摩托车、三轮车、面包车等各类简易配送车辆，基本未采取相应的商品保护措施。而绝大多数卷烟配送，无论是直送给还是委托配送，配送车辆的卷烟存储环境均为封闭、遮阴。而医药配送由于均采取直接配送，因此医药物流车辆更为标准，要求更为严格，必须封闭、遮阴，对于有特殊要求，如冷链的药品更需要用相应的冷链容器或设备完成药品配送。

在所调研的 37 个村级对象中，烟药配送在直送环节均采用了具有封闭、遮阴的运输工具，如面包车、厢式货车等，个别乡镇如酉阳县龙潭镇等的卷烟配送由于地方烟草专卖局的条件限制采用了带蓬式三轮车完成配送任务，但正在逐步改善。

因此，从配送车辆的相容性上可以看出，卷烟与医药的配送条件要求较为一致，具有相容性，符合共同配送的要求。

### 7.2.5 配送一致性分析

配送一致性，则是强调卷烟与医药物流企业在订货时间与方式、配送时间与方式、配送频率等方面的相容性，为更好地分析卷烟与医药物流企业在农村物流末端实现共同配送的可行性奠定理论分析基础。

**1. 烟药订货情况分析（如表 7.8 所示）**

表 7.8 烟药订货基本情况

| 镇/乡 | 村名 | 下单时间 | | 下单方式 | |
|---|---|---|---|---|---|
| | | 卷烟 | 医药 | 卷烟 | 医药 |
| 北碚区歇马镇 | 天马村 | 周三周末 | 缺药时下单 | 电话回访网上订货 | 电话/网上订货 |
| | 人和村 | 周末 | 缺药时下单 | 网上订货 | 电话/网上订货 |
| | 石盘村 | 周三周末 | 缺药时下单 | 电话回访网上订货 | 电话/网上订货 |
| | 东风村 | 周末 | 缺药时下单 | 网上订货 | 电话/网上订货 |
| 大渡口跳磴镇 | 湾塘村 | 周末 | 缺药时下单 | 网上订货 | 网上订货 |
| | 山溪村 | 周末 | 缺药时下单 | 网上订货 | 电话/网上订货 |
| | 沟口村 | 周末 | 缺药时下单 | 网上订货 | 提交清单/电话 |
| | 拱桥村 | 周末 | 缺药时下单 | 网上订货 | 网上订货 |
| 茶园峡口镇 | 大石村 | 周三 | 缺药时下单 | 电话回访网上订货 | 提交清单/电话 |
| | 柏林村 | 周三 | 缺药时下单 | 网上订货 | 电话/网上订货 |
| | 大兴村 | 周三 | 缺药时下单 | 网上订货 | 网上订货 |
| 璧山璧城街道 | 新堰村 | 周二 | 缺药时下单 | 电话回访网上订货 | 网上订货 |

续表

| 镇/乡 | 村名 | 下单时间 | | 下单方式 | |
|---|---|---|---|---|---|
| | | 卷烟 | 医药 | 卷烟 | 医药 |
| 璧山璧城街道 | 双龙村 | 周二 | 缺药时下单 | 电话回访网上订货 | 网上订货 |
| 璧山区福禄镇 | 斑竹村 | 周二 | 缺药时下单 | 电话回访 | 电话/网上订货 |
| | 福中村 | 周二 | 缺药时下单 | 电话回访网上订货 | 网上订货 |
| | 桂阳村 | 随机 | 缺药时下单 | 电话订货 | 电话/网上订货 |
| | 和平村 | 周二 | 缺药时下单 | 电话回访网上订货 | 电话/网上订货 |
| 涪陵区罗云乡 | 狮子梁村 | 周日周一 | 缺药时下单 | 电话/网上订货 | 电话/网上订货 |
| | 池沱坝村 | 周日周一 | 缺药时下单 | 电话/网上订货 | 电话/网上订货 |
| | 金家村 | 周日周一 | 缺药时下单 | 电话/网上订货 | 电话/网上订货 |
| 涪陵区焦石乡 | 楠木村 | 周日周一 | 缺药时下单 | 电话/网上订货 | 电话/网上订货 |
| 涪陵江东街道 | 凉水村 | 周日周一 | 缺药时下单 | 电话/网上订货 | 电话/网上订货 |
| | 营盘村 | 周日周一 | 缺药时下单 | 电话/网上订货 | 电话/网上订货 |
| 万州区龙沙镇 | 沙包村 | 周一周二 | 缺药时下单 | 电话/网上订货 | 电话/网上订货 |
| | 青龙村 | 周一周二 | 缺药时下单 | 电话/网上订货 | 电话/网上订货 |
| | 雨台村 | 周日周一 | 缺药时下单 | 电话/网上订货 | 电话/网上订货 |
| 万州区武陵镇 | 下中村 | 周一周二 | 缺药时下单 | 电话/网上订货 | 电话/网上订货 |
| 万州区鹿井乡 | 八羊村 | 周一周二 | 缺药时下单 | 电话/网上订货 | 电话/网上订货 |
| | 红谷村 | 周一周二 | 缺药时下单 | 电话/网上订货 | 电话/网上订货 |

续表

| 镇/乡 | 村名 | 下单时间 | | 下单方式 | |
|---|---|---|---|---|---|
| | | 卷烟 | 医药 | 卷烟 | 医药 |
| 酉阳桃花源镇 | 花园村 | 周末 | 缺药时下单 | 电话/网上订货 | 电话/网上订货 |
| | 双福村 | 周末 | 缺药时下单 | 电话/网上订货 | 电话/网上订货 |
| | 龙池村 | 周末 | 缺药时下单 | 电话/网上订货 | 电话/网上订货 |
| 酉阳县龙潭镇 | 堰堤村 | 周一/二/三 | 缺药时下单 | 电话/网上订货 | 电话/网上订货 |
| | 川主村 | 周一/二/三 | 缺药时下单 | 电话/网上订货 | 电话/网上订货 |
| | 梅树村 | 周一/二/三 | 缺药时下单 | 电话/网上订货 | 电话/网上订货 |
| 酉阳县麻旺镇 | 桂香村 | 周一/二/三 | 缺药时下单 | 电话/网上订货 | 电话/网上订货 |
| | 下溪村 | 随机 | 缺药时下单 | 电话订货 | 电话/网上订货 |

表7.8所示的为各村卷烟与医药关于订货的基本情况,主要包括卷烟与医药的下单时间、下单方式等。

（1）在下单时间上,卷烟的订货时间根据各地区烟草公司综合各个片区的下单时间与配送时间之间的协调性做出具体的安排,通常下单时间段集中在每周六至隔周周三之间,而药品的下单时间则具有完全的不确定性,无论是向第三方医药物流企业订货还是向镇卫生院订货,药品由于其产品的特殊性,已经实现了全天候24小时订货,即各村卫生室、私人诊所、连锁药房等所有药品销售点在条件允许范围内均可实现随时订货。

（2）在订货方式上,卷烟的订货方式有电话订货和网上订货两种方式,电话订货分为电话回访和电话主动订货两种方式。从表7.8可以看出,仅有5%左右的卷烟摊点为电话订货,而按照烟草专卖局的相关统计数据,全重庆市已经实现了95%以上的网上订货,此次调研所出现的5%的电话订货烟点为极个别卷烟摊点,处于远离该村便民服务中心、村干道的较偏远地点,现有的信息化水平较低,因此多采用为电话订货方式。药品的订货方式有电话订货、网上订货及提交药品需求清单等三种方式,电话订货方式仍然普遍存在于各村卫生室,但主要的订货方式为网上订货,网上订货通常适用于第三方医药物流企业的医药物流,一般有两种方式,一种是直接通过镇卫生院的医药采购平台订购通过招投标的第三方医药物流企业,如涪陵区与酉阳县的衡生、联宏、衡美康、科恒等当地第三方医药物流企业,一种则是直接通过第三方医药企业订购平台完成药品采购,如主城区县的九州通、和平药房、万鑫药房等。

### 2. 烟药送货情况分析

本节重点分析卷烟和医药的送货情况,包括各个区县的卷烟送货总体情况、第三方医药物流企业九州通的基本配送情况、烟药的送货时间、烟药送货方式及烟药物流送货商等多个方面的分析,如表 7.9 所示。

表 7.9 是从宏观层面分析所调研区县的卷烟配送基本情况,在配送资源方面,送货车辆与客户成正相关;除涪陵和万州两大配送中心外,其他两个区县均存在委托配送业务,且所占比例均超过 50%,其中璧山区的委托配送业务达到 60%,严重依赖于第三方物流完成配送,究其原因主要在于配送资源不足。虽然涪陵区和万州区不存在委托配送,但是其直接配送业务仅发展到乡镇一级,村级各烟点的卷烟绝大多数均需到乡镇指定地点完成自提。

表 7.9 各区县卷烟送货情况(2015 年 1—6 月)

| 类别 \ 区县 | 璧山区 | 涪陵区 | 万州区 | 酉阳县 |
| --- | --- | --- | --- | --- |
| 送货户数(累计客户) | 2 339 户 | 100 352 户 | 372 108 户 | 2 369 户 |
| 送货车辆 | 2 辆(单车额定装载量 100 万支) | 8 辆(单车额定 160 万支) | 21 辆(12 辆 100 万支装载量,6 辆 145 万支装载量,3 辆 180 万支装载量) | 4 辆(单车额定 100/120/150/400 万支) |
| 车次(次) | 300 | 687 | 2 177 | 393 |
| 送货实际作业天数(天) | 127 | 102 | 128 | 64 |
| 送货里程(km) | 5 834 | 103 529 | 394 614 | 60 680 |
| 送货作业总量(万支) | 72 598.65 | 99 480.706 | 3 321 440.745 | 46 189 |
| 配送中心直接送货卷烟数量(万支) | 0 | 99 480.706 | 3 321 440.745 | 0 |
| 直接送货(接货到户)卷烟数量(万支) | 28 863.01 | 0 | 0 | 22 685 |
| 委托送货卷烟数量(万支) | 43 735.64 | 0 | 0 | 23 504 |

从表 7.10 九州通的配送情况来看,其业务范围分为 3 个大区,主城区

县为一日一配，即当天下午 3 点之前下达的订单均可在当天实现配送，配送对象包括商业客户（连锁药房）和终端零售客户（医院、诊所等），其他区县则根据具体情况不同划分确定的配送时间，一方面可合理分配配送资源，同时也可高效地完成配送工作，减少空载率，最大限度降低配送成本。

表 7.10 九州通医药物流配送

| 大区 | 配送方向 | 主要配送区域 | 配送周期 |
| --- | --- | --- | --- |
| 重庆主城 | 南渝配送 | 南岸区 | 一日一配 |
| | | 渝中区 | 一日一配 |
| | 大沙配送 | 大渡口区 | 一日一配 |
| | | 沙坪坝区 | 一日一配 |
| | 九龙坡配送 | 九龙坡区 | 一日一配 |
| | 巴南配送 | 巴南区 | 一日一配 |
| | 江北配送 | 江北区 | 一日一配 |
| | 渝北配送 | 渝北区 | 一日一配 |
| 重庆周边 | 北碚合川 | 北碚区 | 周二到周六配送 |
| | | 合川区 | 周二到周六配送 |
| | 江津大足 | 江津区 | 周二到周六配送 |
| | | 永川区 | 周二到周六配送 |
| | | 荣昌区 | 周二到周六配送 |
| | | 大足区 | 周二到周六配送 |
| | | 双桥区 | 周二到周六配送 |
| | 铜梁璧山 | 铜梁区 | 周二到周六配送 |
| | | 璧山区 | 周二到周六配送 |
| | | 潼南区 | 周二到周六配送 |
| | 长寿涪陵 | 长寿区 | 周二到周六配送 |
| | | 涪陵区 | 周二到周六配送 |
| | | 丰都县 | 周二到周六配送 |
| | | 石柱县 | 周二到周六配送 |
| | | 垫江县 | 周二到周六配送 |
| 较远区县 | 酉秀黔彭 | 彭水县 | 每周一/二/三/五配送 |
| | | 黔江区 | 每周一/二/三/五配送 |
| | | 酉阳县 | 每周一/二/三/五配送 |
| | | 秀山县 | 每周一/二/三/五配送 |
| | 綦江南川 | 綦江区 | 每周二/四/六配送 |
| | | 南川区 | 每周二/四/六配送 |
| | | 武隆区 | 每周二/四/六配送 |
| | | 万盛经济技术开发区 | 每周二/四/六配送 |

表 7.11　各村烟药送货情况

| 镇/乡 | 村名 | 配送时间 | | 配送方式 | | 配送商 | |
|---|---|---|---|---|---|---|---|
| | | 卷烟 | 医药 | 卷烟 | 医药 | 卷烟 | 医药 |
| 北碚区歇马镇 | 天马村 | 周二 | 无固定时间/周二/四 | 直送 | 直送 | 烟草公司 | 卫生院/第三方 |
| | 人和村 | 周二 | 无固定时间/周二/四 | 直送/自提 | 直送 | 烟草公司 | 卫生院/第三方 |
| | 石盘村 | 周五 | 无固定时间/周二/四 | 直送/自提 | 直送 | 烟草公司 | 卫生院/第三方 |
| 大渡口跳蹬镇 | 东风村 | 周二 | 无固定时间/周二/四 | 直送 | 直送 | 烟草公司 | 卫生院/第三方 |
| | 湾塘村 | 周二 | 无固定时间/周一/三 | 直送 | 直送 | 烟草公司 | 卫生院/第三方 |
| | 山溪村 | 周二 | 无固定时间 | 直送 | 直送 | 烟草公司 | 卫生院 |
| | 沟口村 | 周二 | 无固定时间 | 直送 | 直送 | 烟草公司 | 卫生院 |
| | 拱桥村 | 周二 | 无固定时间 | 直送/自提 | 直送 | 烟草公司 | 卫生院 |
| 茶园峡口镇 | 大石村 | 周五 | 无固定时间 | 自提 | 直送 | 烟草公司 | 卫生院 |
| | 柏林村 | 周五 | 无固定时间/周二 | 直送/自提 | 直送 | 烟草公司 | 卫生院/第三方 |
| | 大兴村 | 周五 | 无固定时间/周二/四 | 直送 | 直送 | 烟草公司 | 卫生院/第三方 |
| 璧山璧城街道 | 新堰村 | 周三 | 无固定时间 | 直送/自提 | 直送 | 邮政 | 卫生院/第三方 |
| | 双龙村 | 周三 | 无固定时间 | 直送/自提 | 直送 | 邮政 | 卫生院/第三方 |
| 璧山区福禄镇 | 斑竹村 | 周三 | 无固定时间 | 直送 | 直送 | 邮政 | 卫生院 |
| | 福中村 | 周三 | 无固定时间/周三/五 | 直送 | 直送 | 邮政 | 卫生院/第三方 |
| | 桂阳村 | 随机 | 无固定时间 | 自提 | 直送 | 邮政 | 卫生院 |
| | 和平村 | 周三 | 无固定时间 | 直送 | 直送 | 邮政 | 卫生院 |
| 涪陵区罗云乡 | 狮子梁村 | 周三 | 1/6/11/16/21/26 号 | 直送 | 直送 | 烟草公司 | 衡生/联宏 |
| | 池沱坝村 | 周三 | 1/6/11/16/21/26 号 | 直送 | 直送 | 烟草公司 | 衡生/联宏 |

续表

| 镇/乡 | 村名 | 配送时间 | | 配送方式 | | 配送商 | |
|---|---|---|---|---|---|---|---|
| | | 卷烟 | 医药 | 卷烟 | 医药 | 卷烟 | 医药 |
| 涪陵区罗云乡 | 金家村 | 周三 | 1/6/11/16/21/26 号 | 直送 | 直送 | 烟草公司 | 衡生/联宏 |
| 涪陵区焦石乡 | 楠木村 | 周三 | 1/6/11/16/21/26 号 | 直送 | 直送 | 烟草公司 | 衡生/联宏 |
| 涪陵江东街道 | 凉水村 | 周三 | 1/6/11/16/21/26 号 | 直送 | 直送 | 烟草公司 | 衡生/联宏/其他 |
| | 营盘村 | 周三 | 1/6/11/16/21/26 号 | 直送 | 直送 | 烟草公司 | 衡生/联宏/其他 |
| 万州区龙沙镇 | 沙包村 | 周四 | 周一/周三 | 自提 | 直送 | 烟草公司 | 宏达/中兴 |
| | 青龙村 | 周四 | 周一/周三 | 自提 | 直送 | 烟草公司 | 宏达/中兴 |
| | 雨台村 | 周二 | 周二/周四 | 自提 | 直送 | 烟草公司 | 宏达/中兴 |
| 万州区武陵镇 | 下中村 | 周四 | 周一/周三 | 自提 | 直送 | 烟草公司 | 宏达/中兴 |
| 万州区鹿井乡 | 八羊村 | 周四 | 周一/周三 | 自提 | 直送 | 烟草公司 | 宏达/中兴 |
| | 红谷村 | 周四 | 周一/周三 | 自提 | 直送 | 烟草公司 | 宏达/中兴 |
| 酉阳桃花源镇 | 花园村 | 周二 | 无固定时间 | 直送 | 直送 | 本地物流商 | 科恒/衡美康 |
| | 双福村 | 周二 | 无固定时间 | 直送 | 直送 | 本地物流商 | 科恒/衡美康 |
| | 龙池村 | 周二 | 无固定时间 | 直送 | 直送 | 本地物流商 | 科恒/衡美康 |
| 酉阳县龙潭镇 | 堰堤村 | 周四 | 无固定时间 | 直送 | 直送 | 本地物流商 | 科恒/衡美康 |
| | 川主村 | 周四 | 无固定时间 | 直送 | 直送 | 本地物流商 | 科恒/衡美康 |
| | 梅树村 | 周四 | 无固定时间 | 直送 | 直送 | 本地物流商 | 科恒/衡美康 |
| 酉阳县麻旺镇 | 桂香村 | 周四 | 无固定时间 | 直送 | 直送 | 本地物流商 | 科恒/衡美康 |
| | 下溪村 | 随机 | 无固定时间 | 自提 | 直送 | 本地物流商 | 科恒/衡美康 |

表 7.11 是卷烟与医药物流的送货情况表，主要从卷烟与医药物流的配送时间、配送方式及配送商等方面进行研究分析，从中可以得出以下几个方面结论：

（1）在配送时间上，卷烟配送的时间根据不同地区而有较大差异，但通常集中在每周二至周五时间段，如周二完成配送的烟点往往是因为该村所属烟草公司要求的订货时间在周末，订货时间与配送时间通常间隔 1~2 个工作日，在农村物流末端基本无即时配送服务。另外，个别村的卷烟配送时间之所以标注为随机是因为该村暂时没有持烟草专卖许可证的销售摊点，该村的烟点为自营模式，订货、提货等方式较为简单，一般为商家根据自己的销售情况自行到乡镇等卷烟销售摊点以一定的批发价格形式完成购买。

而医药物流的配送时间则存在较大的随机性。从表 7.11 可以看出，医药配送时间一般为随机时间和固定时间两种，这与配送商和配送药品的产品特性直接相关。随机时间的配送往往是镇级卫生院作为配送商或订货平台，其配送时间根据各村卫生室的订药情况、下单时间等综合考虑其配送时间，该种配送方式较为单一，配送需求量较小。一般第三方医药物流企业的配送时间有明确的限制，对多种药品需求的轻重缓急情况均有相应的应急预案。

因此，在配送时间上，首先需要规范化医药物流的配送时间。虽然药品性质较为特殊，但由于村镇的需求多为基本医疗内药品，几乎无特殊或紧急内药品，因此可根据当地的卷烟配送时间合理安排医药配送，从而在配送时间上实现烟药物流的一致性管理。

（2）在配送方式上，主要有直接配送和自提两种方式。直接配送分为自营式直接配送和委托式直接配送。卷烟配送多采取直接配送方式，在所调研的村点中，超过 60%的村涉及直接配送方式，有超过 40%的村涉及自提，个别村的烟点仍然存在部分自提、部分直送的配送方式。另外，卷烟直接配送中分为烟草公司自营式直接配送和委托式直接配送，主城区县、涪陵区、万州区等均为自营式直接配送，璧山区等委托给邮政直接配送，酉阳县则委托给当地物流服务商。自提的比例较少，往往需求极少且地理位置较远的烟点或无证烟点采取此种方式。

而医药配送全为直接配送，只是在配送商的选择上有所不同，主城区县各村的医药配送为镇卫生院或第三方医药物流企业，如和平、万鑫、九州通等，而其他区县各村通过镇卫生院平台完成订单后，由地方医药物流企业完成药品配送。

因此，在配送方式上，可根据目前卷烟配送的实际情况，合理安排双方的共同配送模式。如在实行卷烟直自营式直接配送到户的村点，可考虑将医药物流的配送业务外包给烟草物流分公司完成共同配送，因为药品在农村医药物流末端的需求较少，外包可节约一定的配送成本。在实行卷烟外包式直接配送到户的村点可考虑两种方式，一种是采用自营式配送方式，并同当地医药物流配送商协商，获得该村的医药物流配送业务；另一种是将该项业务外包给医药物流配送企业，由于医药物流无论地理位置、需求量等必须直接配送，作为医药物流企业来说，村级的药品配送量较少，因此从配送成本考虑有意向作为第三方物流商承担其他业务，而这与现有的卷烟配送外包给邮政或其他物流商来说有一个本质的区别，因为邮政或其他第三方物流商是作为独立配送商负责单一的卷烟配送，在配送成本上要求更高，这也是现在医药物流企业的一种优势。在卷烟仍为自提的村点，肯定存在运力资源不足，因此暂时可考虑将该项业务外包给医药配送企业，配送到村点的某一特定卷烟零售摊点，该村其他自提点则均可到此处完成定点取货，而无须到乡镇街道取货。

（3）在配送商选择上，烟草物流分公司仅在配送能力范围之外采取外包服务，通常情况下均为自己配送。如在璧山区，烟草公司仅有 2 辆配送车辆，且实际配送当中只有 1 辆车处于正常工作当中，另一辆仅在旺季或特殊情况下使用。因此运力明显不足，所以现阶段璧山区采取的配送策略是：在璧山县城城区各街道由烟草公司直接配送，在城郊街道各点采取由烟草公司直接配送到指定地点并由烟点完成自提，在各乡镇辖区范围内则全部委托给邮政配送。

而医药物流的配送商选择限制正在逐渐放开。现阶段，在主城多个区县（如北碚、南岸等）各村医疗服务站点的药品订货方式较为灵活，各村卫生室等可根据自身实际需求选择镇卫生院或已通过药监局认证的第三方医药物流企业完成订货，而其他区县（如万州、酉阳、涪陵等）的药品管理仍较为传统，必须向镇卫生院完成订货，或者必须在镇卫生院完成一定的订货分配指标后才能选择向第三方医药物流企业订货（由镇卫生院组织招投标而中标的企业），但即使向第三方订货，仍需使用镇卫生院所构建的订货平台完成，在医药物流企业的选择上仍然具有一定的局限性。

由于特殊行业背景和产品自身性质，配送商肯定存在不同，但通过本节的分析可知，卷烟和药品在配送的条件要求上具有一致性，因此除了某些特殊药品需单独处理外，两者可放在同一空间内完成配送任务。

综上所述，在考虑农村烟药物流共同配送的前提下，可以根据各地区各村的烟药实际配送情况，选择适当的配送时间，采用最优的合作方式，从而实现烟药末端环节的共同配送，实现成本最低的目标。

### 3. 配送频率一致性分析（见表 7.12）

结合烟药配送频率表和烟药配送频率对比图 7.12 可以看出，在所调研的 7 区 13 镇（乡）37 村中，各烟点的卷烟配送频次完全一致，均为一周一次（约 4~5 次/月）。而各村在医药配送的频率上则存在较大的不确定性，但通常情况下，绝大多数村的医药订货频率在 3~5 次。有 9 个村的每月订货频次不超过 3 次，这是由于这些村卫生室的药品等基本医疗服务范围较窄、近镇中心（多数人更愿意选择到镇上就医）、人口较少等多方面的因素。有超过 35%的村其药品订货频次在每月 4 次以上，其中福中村和营盘村的订货频次高达 6 次/月，原因在于该村实为镇街道所在地或近镇街道，经济发展较全面，第三方连锁医药企业较多。

表 7.12　烟药配送频率分析

| 镇/乡 | 村名 | 配送频次 | |
|---|---|---|---|
| | | 卷烟 | 医药 |
| 北碚区歇马镇 | 天马村 | 1 次/周 | 4~5 次/月 |
| | 人和村 | 1 次/周 | 4 次/月 |
| | 石盘村 | 1 次/周 | 3~4 次/月 |
| | 东风村 | 1 次/周 | 4~5 次/月 |
| | 湾塘村 | 1 次/周 | 4~5 次/月 |
| 大渡口跳蹬镇 | 山溪村 | 1 次/周 | 4~5 次/月 |
| | 沟口村 | 1 次/周 | 4~5 次/月 |
| | 拱桥村 | 1 次/周 | 4~5 次/月 |
| | 大石村 | 1 次/周 | 2~3 次/月 |
| 茶园峡口镇 | 柏林村 | 1 次/周 | 4~5 次/月 |
| | 大兴村 | 1 次/周 | 3~4 次/月 |
| 璧山璧城街道 | 新堰村 | 1 次/周 | 3~4 次/月 |
| | 双龙村 | 1 次/周 | 4 次/月 |
| | 斑竹村 | 1 次/周 | 2~4 次/月 |
| 璧山区福禄镇 | 福中村 | 1 次/周 | 4~6 次/月 |
| | 桂阳村 | 1 次/周 | 2~3 次/月 |
| | 和平村 | 1 次/周 | 2~3 次/月 |

续表

| 镇/乡 | 村名 | 配送频次 卷烟 | 配送频次 医药 |
|---|---|---|---|
| 涪陵区罗云乡 | 狮子梁村 | 1次/周 | 3~4次/月 |
|  | 池沱坝村 | 1次/周 | 3次/月 |
|  | 金家村 | 1次/周 | 2~3次/月 |
| 涪陵区焦石乡 | 楠木村 | 1次/周 | 3~4次/月 |
| 涪陵江东街道 | 凉水村 | 1次/周 | 3~5次/月 |
|  | 营盘村 | 1次/周 | 4~6次/月 |
|  | 沙包村 | 1次/周 | 3~5次/月 |
| 万州区龙沙镇 | 青龙村 | 1次/周 | 4~5次/月 |
|  | 雨台村 | 1次/周 | 2~3次/月 |
| 万州区武陵镇 | 下中村 | 1次/周 | 3~4次/月 |
| 万州区鹿井乡 | 八羊村 | 1次/周 | 3~5次/月 |
|  | 红谷村 | 1次/周 | 2~3次/月 |
|  | 花园村 | 1次/周 | 3~5次/月 |
| 酉阳桃花源镇 | 双福村 | 1次/周 | 5次/月 |
|  | 龙池村 | 1次/周 | 3~4次/月 |
|  | 堰堤村 | 1次/周 | 2~3次/月 |
| 酉阳县龙潭镇 | 川主村 | 1次/周 | 2~3次/月 |
|  | 梅树村 | 1次/周 | 3~5次/月 |
| 酉阳县麻旺镇 | 桂香村 | 1次/周 | 3~5次/月 |
|  | 下溪村 | 1次/周 | 3~4次/月 |

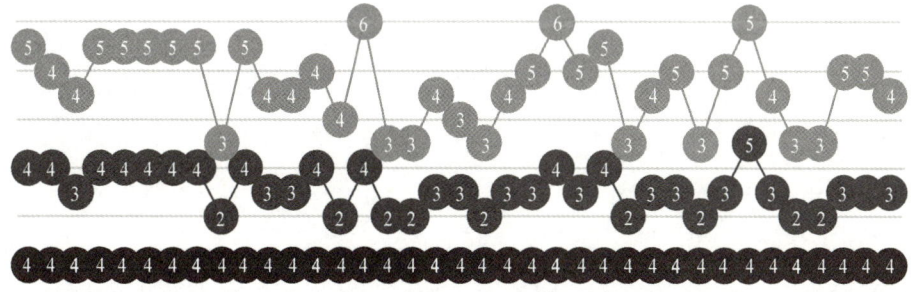

图 7.12 烟药配送频率对比

因此，从配送频率上考虑卷烟与医药在农村末端环节的共同配送有利于降低当前卷烟与医药物流在农村环节的成本投入比例，提高配送效率，符合当前农村物流末端的发展要求。

### 7.2.6 烟药市场异质性分析

异质市场是用来区分于同质市场的企业管理过程。它是指卖不同产品的市场，并不强调产品质量的差异。异质市场的全过程即是企业为实现自身的企业目标辨别、分析、选择和发掘市场机会，进而规划、执行和控制企业活动。市场主体、市场客体以及市场环境异质性是影响市场关系差异本质属性的市场异质性。

卷烟和药品属于两大完全不同的消费市场，且均具有不同于彼此的特殊行业体制。在卷烟和药品的消费市场，明显存在着两类完全互不制约的消费群体。在某一区域范围内，每个个体都避免不了药品的消费，只是在使用的频数、规格、种类及数量上存在着差异。然后卷烟并不是，仅存在某一部分的消费群体。但是卷烟类的消费群体必定会消费药品，药品类的消费群体仍然存在消费卷烟的部分群体。

尽管在理论上存在这样的可能性，即卷烟的消费会导致一部分因为卷烟而产生的疾病，从而影响到药品的消费，而药品的使用在一定程度上会抑制卷烟的消费，但由于这是在消费末端，考虑得更多的是基本药品类的消费，如感冒药等，因此本节省略了卷烟和药品的相互作用对卷烟和药品的消费的影响，将其视为两种不同产品的消费市场，且不存在任何相互影响。下面本节主要从市场主体、市场客体以及市场环境等三个方面分析烟药市场的异质性。

#### 1. 市场主体异质性

所谓的市场主体，实质就是在市场的运行过程中具有主动支配和影响作用的要素，即消费者，而消费者行为在经济活动中主要表现为消费需求，因此为更好地衔接市场与企业，在此重点分析消费需求及其异质性。

在收入差异方面，消费者的收入因自身的发展机会、个人能力及其他因素的不同而不同，收入的差异直接影响着消费者的需求。在关于消费需求的理论研究如绝对收入消费函数理论（凯恩斯）、相对收入消费函数理论（杜森）等始终以收入对消费的影响作用为前提。在市场经济条件下，基于收入来源的动态性及多样性,最终表现为个人之间的消费需求会出现差异化及发展的动态性。在卷烟和药品消费市场,有一定经济条件的消费者在需要卷烟时往往会选择价格较高且数量足够的卷烟,在需要治疗时会立即接受治疗,且会选择药效更强而价格偏于昂贵的药类。但总的来说,药品几乎人人都需要消费,且不得不消费,而卷烟的消费只是一部分群体。

在价格变化方面,卷烟和药品的价格总水平的变化或个别卷烟或药品的品规价格发生变化,均会导致消费需求的总量、频率和结构的改变。不同的卷烟和药品的品规,对应的需求价格弹性有所差别,最终引起消费需求的差异性。

在消费心理方面,其受消费者各自的生活方式、性格偏好、所处社会阶层和经济水平等的影响。每个消费者形成和追求的生活方式有所差异,一贯形成的性格偏好不同,各自选择的消费品的品规、类别有所不同,表现为消费倾向的差异性,从而需求的产品和服务就不一样。

在消费行为方面,主要考虑消费者在寻求利益、待购阶段、购买时机、使用状况、产品忠诚度、使用效率及消费态度等多个方面的差异。

### 2. 市场客体异质性

所谓的市场客体是相对于市场主体而言的,指的是市场主体在市场活动中的交易对象。市场客体类型的多样性以及市场客体范围的动态性是市场客体异质性的主要研究内容。

市场客体即为一个企业所生产的被市场所接受的产品,它是企业与市场发生关系的纽带,是一个形式多样、种类繁多的对象,影响着企业的生产经营方式、生产规模等多个方面。而市场客体范围主要有市场客体的价格、数量、种类和结构等四个方面,其具有发展的动态性。基于市场自身的不断发展,市场范围随着市场客体种类的改变,数量随之改变,数量的改变又会引起市场结构的改变,市场结构的改变进而导致产品的价格波动,最终导致市场客体范围的动态性表现。市场范围的动态性表现直接关系到市场结构及产品价格的走向。

在目前的烟草和医药行业,卷烟和药品分属两大特殊行业的市场客体。烟草市场的市场客体为卷烟,医药市场的市场客体为药品。卷烟的消费群体为吸烟人群,消费性别多为男性,消费人群的年龄结构多在18岁以上,消费的价格普遍在 5~50 元/包,消费频率 0.5~2 包/天。而药品的消费市场更为广泛,不分年龄阶段,不分性别,消费频率不定,消费价格普遍偏高。两者的销售对象有一定的交集,但是卷烟和药品相互之间既无对抗作用,也无促进作用,相互之间完全不存在产品市场的竞争和争夺,各自服务的市场主体即使出现同一性,也不会给双方带来经济和利益上的冲突。

### 3. 市场环境异质性

所谓的市场环境,指的是市场客体和市场主体发生关系的必要的外在条件,其异质性主要表现在以下五个方面:

(1) 差异性。不同的企业既受不同环境因素的影响,也受同种环境因素的影响,即同样一种环境因素的变化对不同企业带来的影响也有不同。由于外界环境因素对企业作用的差异性,从而使企业为应付环境的变化所采取的对策也具有差异性。

(2) 多变性。构成企业环境的因素是多方面的,每一个又都随着社会经济的发展而不断变化。

(3) 相关性。市场环境不是由某一个单一因素决定的,它要受到一系列相关因素的影响。例如,价格不但受到市场供求关系的影响,而且还受到科技进步及财政税收的影响。市场环境各因素相互影响的程度也是不一样的。

(4) 复杂性。企业面临的市场环境的复杂性表现为各环境因素之间经常存在矛盾关系。

(5) 动态性。市场环境是不断发生变化的。尽管根据其变化的程度不同,可以分为稳定的环境、缓慢变化的环境和骤然变化的环境,但变化是绝对的。从总体上来说,变化具有加快的趋势。每一个企业小系统都与社会大系统处在动态的平衡之中。一旦环境发生变化,平衡便被打破,企业必须积极地反应和适应这种变化。有的企业虽然巨大,条件优良,人才济济,但由于在一个历史时期内不能以创造性的反应来迎接挑战,就会被市场所淘汰。

在物流的末端环节,卷烟和药品的消费市场的环境表现为"需求小、消费能力低"的特征,因而销售的市场环境呈现出"点少、面广、较分散"的特点,造成了卷烟和药品的配送距离远,配送线路单一,配送往返率较高,配送成本高。由于烟药的市场客体的差异性,导致了烟药的配送环境的异质性,造成了资源的浪费。

## 7.3 共同配送前后成本与收益分析

通过比较烟药共同配送模式构建前后的成本与收益,建立收益对比模型,粗略分析其模式的经济可行性。本节假设在某区域建立配送中心节点,通过实地调研、访谈等方式,获取影响分析的具体数据,进行详细分析,并根据实际分析结果验证实行烟药共同配送的可行性。

设定在该区域范围内,各烟药配送中心向该区域发送的卷烟和药品每周平均数量为 $Q$;卷烟和药品的配送频率均是一周一配;一个配送车辆必须匹配一个司机和一个配送员。

### 7.3.1 共同配送前成本分析

在共同配送模式建立之前,没有共同配送点的固定资产投入和输出,因此仅需对现有的卷烟和药品配送成本和收益进行分析。

(1)运输费用。

卷烟和医药企业将货物运送到区域配送中心之后,由相关区域配送中心通过 二次配送运送到终端零售客户手中。在共同配送网点建立之前,区域配送中心到终端零售客户这一环节,运输成本主要有两部分组成:区域配送中心到物流企业产生的运输费用,物流企业到终端客户产生的运输费用。在烟药配送系统中的运输费用主要包括:运输过程中消耗的燃油、润滑油等费用;车辆的折旧费用;驾驶员和配送员工资,意外事件引发的费用等。

其他费用如日常洗车费用、材料费用等,在一定的时间范围内,可视为固定不变的费用。

(2)变动成本。

变动成本主要由区域配送点的配送员和司机的总人数决定。因为在末端配送环节,物流的主要作用是配送到户,所需要投入的成本相对简单。所以,其变动成本主要是人力成本。

在共同配送网点建立之前,设定区域的配送中心卷烟和药品的周总配送量为 $Q_1$,需要由 $m$ 家物流配送企业共同负责配送,所需司机和配送员的总数为 $b_1$,而配送员的周平均配送量为 $d_1$,由此,

$$Q_1 = m \times b_1 \times d_1$$

式中，$Q_1$——区域配送中心发往某村点的卷烟和药品总量（件）；

$m$——负责配送该村内卷烟和药品配送的物流企业数量（家）；

$b_1$——无共同配送网点的状态下负责该村卷烟和药品配送的配送员和司机的人数；

$d_1$——配送员送货上门的周平均配送件数。

（3）其他变动成本。

其他变动成本主要是指配给配送员的车辆的燃油费等，其在净收益分析和计算中进行具体分析。

### 7.3.2 共同配送后成本分析

在建立共同配送节点之后，增加了建立或租用共同配送节点的固定投入，节约了人力成本的投入，减少了配送时间。接下来对增加成本和收益分别进行分析。

（1）运输费用。

共同配送节点建立完成之后，由卷烟或药品的区域配送中心直接将其商品送到共同配送节点，再由配送点的配送员送货上门、定点送货或由终端客户上门自提等。

区域配送中心直接将已按区域分配好的卷烟和药品等货物利用成本最小的配送方式运输到共同配送节点。在这个过程中，配送的总路程没有增加，相应地，运输费用也不存在增加。本节所计算的运输费用，包括运营费用、燃油费用等，其他费用如保险、车辆折旧等由于在实施共同配送前后都会发生。因此，为了简化计算同时结合企业实际，在计算运输费用时，暂不考虑。

（2）共同配送网点成本。

烟药共同配送网点可以是自建，也可以是租用。不管哪种形式都需要支付自建或租用费用以及相关设备的一次性投入。

设定基于某一区域建立一个烟药共同配送中心，假设共同配送网点费用为 $C_a$，同时，$Q$ 的数量决定门店的费用。$C_a$ 随着 $Q$ 的变化而变化，当该区域的配送量为 $Q$ 时：

$$C_1 = C_0(Q)$$

式中，$C_1$——某区域烟药共同配送网点门店费用；

$C_0$——某区域内烟药共同配送网点这一固定场所的租用或建设费用。

设定其他固定费用 $C_\beta$，包括如电话、电脑、货架等等设备的投入，都是一次性的投入，则 $C_2$ 为常数。

（3）变动成本。

建立烟药共同配送网点之后，变动成本的分析同未建共同配送节点一样，由配送人员的数量 $b_2$ 决定。设定在该区域范围内所有需要配送的卷烟和药品的数量为 $Q_2$，配送网点的配送人员数量为 $b_2$，每周的烟药配送量为 $d_2$，因此，总配送量为：

$$Q_2 = b_2 \times d_2$$

式中，$b_2$——建立烟药共同配送网点之后某区域配送员数量；

$d_2$——建立烟药共同配送网点后配送员每周的卷烟和药品配送数量。

（4）其他变动成本。

其他变动成本主要是指雇佣司机和配送员的工资，变动成本在下面的收益分析计算中再进行具体分析。

### 7.3.3 共同配送前后收益模型

设定在某一配送区域，建设烟药共同配送网点前后的卷烟和药品配送总量不变，公式表示为

$$Q = Q_1 = Q_2$$

在建立共同配送网点后，假定由区域配送中心直接配送到共同配送节点，减少了物流企业在区域配送中心取货后，进行再次分配给配送员的环节，从而节约了时间，也减少了分配过程中产生的货物损坏、错误配送等问题。综合分析，建立共同配送网点带来的好处，不仅减少了配送人员的数量，也省去了物流企业进行货物再次分配的时间。在该配送区域内，总配送量不变的情况下，配送人员人数减少的数量为：

$$\Delta b = b_1 - b_2$$

假设配送人员的基本工资是为 $w$，平摊到每一天，相应地，减少的人力资本的投入为：

$$Y_1 = \Delta b \times \frac{w}{30}$$

$$Y_1 = (b_1 - b_2) \times \frac{w}{30} = \left(\frac{Q}{d_1} - \frac{Q_0}{d_0}\right) \times \frac{w}{30}$$

该模型表示省去了物流企业的二次配送环节,所节约下来的时间成本,将 $\frac{w}{30}$ 其转化为经济指标进行衡量。

设定平均每件货物所节约的时间为 $t$,将其计算到配送人员的配送环节,可以减少一定的人力投入。假定配送员每周每天工作 8 个小时,如果将节省下来的时间用于共同配送网点的配送人员的配送,相当于增加了 $n$ 个配送员,然后将节约下来的时间折算成为经济利益,可得:

$$n = \frac{Q}{8d_2}$$

$$Y_2 = n \times \frac{w}{30} = \frac{Q}{8d_2} \times \frac{w}{30}$$

式中,$Y_2$——省去物流企业再分配后节约下来的成本;

$n$——节约的配送人员的投入。

因此,在建立共同配送网点之后的收益为 $\Delta Y$:

$$\Delta Y = Y_1 + Y_2 - C_1 - C_2$$

将上述所列式汇总计算,可得结果:

$$\Delta Y = \left(\frac{Q}{d_1} - \frac{Q_0}{d_0}\right) \times \frac{w}{30} + \frac{Qt}{8d_2} \times \frac{w}{30} - \frac{C_0(Q)}{30} - C_2$$

$$\Delta Y = Q \times \left(\frac{1}{d_1} + \frac{t}{8d_2} - \frac{1}{d_1}\right) \times \frac{w}{30} - \frac{C_0(Q)}{30} - C_2$$

烟药共同配送网点的建立增加了共同配送网点固定费用的投入,与此同时,由于烟药共同配送的网点更接近消费者的位置,避免了卷烟和药品两个行业的配送系统在同一片区域内重复配送的问题,降低了人力资源的投入,减少了烟药配送企业向配送员分派卷烟或药品的时间的浪费,最终实现了配送成本的降低,配送效率的提高。

设定:$Z = \frac{C_0(Q)}{30} + C_2, \theta = \left(\frac{1}{d_1} + \frac{t}{8d_2} - \frac{1}{d_0}\right) \times \frac{w}{30}, y = \Delta Y$。则公式可简化为:

$$y = Q \times \theta - Z$$

若 $\theta$ 可以由每周的配送员平均配送量和基本薪酬决定，此数据收集可通过调查问卷完成，设定其为常数，则函数 $y$ 变成了二元一次函数。通过简单的函数关系分析，可得以下三种判定结果：

① 当 $Q \times \theta - Z < 0$ 时，$y < 0$，烟药共同配送网点所带来的收益为负，即共同配送网点的建立带来的收益不能弥补建立共同配送点所花费的成本，共同配送模式构建失败。

② 当 $Q \times \theta - Z = 0$ 时，y=0，建立烟药共同配送网点的收益与支出平衡，共同配送模式构建失败。

③ 当 $Q \times \theta - Z > 0$ 时，$y > 0$，烟药共同配送网点所带来的收益为正，即共同配送网点的建立之后还有利润存在，共同配送模式构建成功。

### 7.3.4 成本与收益比较

（1）假设 $\theta$ 与 $Q$ 为已知条件，则 $y$ 与 $Z$ 成反比。

负责卷烟和药品配送的物流企业根据各自在该区域配送量的多少分配配送人员和配送车辆等。无论是卷烟的独特配送体制，还是医药的市场化配送方式，业务量越大的区域，配送人员和车辆就越多。现以重庆主城北碚区歇马镇天马村社区为例。

① 参与配送的企业的数量。根据实地调研和问卷调查数据可得，在该社区内的配送物流企业数量为 4 家，所有卷烟和药品的每周平均配送总量约为 380 件。其中，卷烟的配送由烟草企业自营物流公司或外包地方性第三方物流企业完成，药品的配送由第三方医药物流企业或第三方综合性物流企业完成，如表 7.13 所示。

表 7.13　主城区某村点烟药物流配送情况

| 序　号 | 1 | 2 | 3 | 4 |
| --- | --- | --- | --- | --- |
| 配送企业 | 烟草公司 | 万鑫 | 九州通 | 和平 |
| 周均配送量 | 345 | 15 | 6 | 12 |
| 配送人数 | 2 | 2 | 2 | 2 |

② 送货上门的配送量。根据调查，配送人员平均每周送出的快件数

量 $d_1$ 约为 15 件。目前，在一些人口密度较大或配送网点较为分散的村点社区，卷烟和药品等的配送企业均设有临时的配送点，主要用于堆放卷烟和药品等。

③ 共同配送的配送量。建立烟药共同配送点之后，分为顾客自取与送货上门两种方式，根据调查，配送人员平均每周送出的卷烟和药品数量 $d_2$ 约为 40 件。

④ 单个快件放置占用的面积。通过统计并计算配送的卷烟和药品规格大小，数量多少，结合人们对于平均快件的面积数据，估计单个配送产品的平均面积约为 0.09 平方米。

⑤ 配送中心的面积。通常情况下，每一个共同配送中心，放置三层的货架之后，能够放置共同配送点空间面积的三倍的物件。设定该配送点所放置的配送物品数量为 $Q$ 件，则配送中心的占地所需面积至少应为所负责区域所有快件的总面积之和的三分之一，其所需要的租金或建设费用为 $C_0$($Q$)。

⑥ 配送人员的基本工资。结合网络调查及与配送人员的交流了解到，配送人员的工资由两部分组成，即基本工资和绩效工资。月基本工资约为 $w$=2200 元。绩效工资指每送出一个快件所应得到的提成。

⑦ 计算净收益。将调查问卷所得的数据代入公式：

$$\Delta Y = Q \times \left( \frac{1}{d_1} + \frac{t}{8d_2} - \frac{1}{d_1} \right) \times \frac{w}{30} - \frac{C_0(Q)}{30} - C_2$$

建立烟药共同配送中心之前，当 $Q$=380 时，该村社区范围内的配送企业共有 4 家，烟药快件的每周平均配送量为 $d_1$=15 件，从而可得出建立共同配送点之前的配送人员数量 $b_1$=26 人。

建立烟药共同配送中心之后，当 $Q$=380 时，该社区范围内仅有 1 个共同配送中心点负责卷烟和药品的配送，所有烟药快件由共同配送点的员工完成配送，配送人员的每周平均配送量约为 $d_2$=40 件，从而可得到此时的配送人员数量 $b_2$=10 人。

由上可知，当烟药快件从区域配送中心直接分配到各负责社区时，减省了由区域配送中心分配到各个物流企业这个环节所耗费的时间和成本。根据问卷调查结果分析，通过用自动传送带进行烟药快件的分拣所耗费的时间 $t$ 为 0~1。设定 $t$=0.5h，则平均每周的净收益为：

$$\Delta Y = \left(\frac{380}{15} - \frac{380}{40}\right) \times \frac{2\,200}{30} + \frac{380 \times 0.5}{40 \times 8} \times \frac{2\,200}{30} - \frac{C_0(Q)}{30} - C_2$$

当 $Q$，$d_1$，$d_2$ 确定的前提下，$\Delta Y$ 的值由 $C_0(Q)$ 决定。通过化简可将上式转化为：

$$\Delta Y = 1\,204.65 - \frac{C_0(Q)}{30} - C_2$$

因此，由上式可知，当 $Z = \frac{C_0(Q)}{30} + C_2 < 1\,204.65$ 元时，即将所需设备的一次性投入和建立配送中心所需的门店费用平摊到每一周，其费用低于 1 204.65 元，相当于每月的平均门店费用及一次性投入费用低于 4 818.6 元时，建立烟药共同配送中心点能够带来收益。

当 $Q = 380$ 件时，所需面积约为 $\frac{Q}{3} \times 0.09$ $m^2$，即所需面积约为 11.4 $m^2$，其租金 $Z$ 可以根据地理位置确定。据调查，以重庆市主城区为例，若该配送中心位于主城区地价最高的位置（江北区），面积在 11.4 $m^2$ 左右的门店月租金约为 1140 元。从而可得出 $\Delta Y = 3\,678.6$ 元。因此，在重庆主城区县建立烟药共同配送中心点的方法从经济方面上来考虑是切实可行的。

（2）假设 $\theta$ 与 $Z$ 为已知条件，则 $y$ 与 $Q$ 成反比。

根据此种假设，$\theta$ 是 $d_1$，$d_2$，$w$ 的替代数。它们的数据均可根据实际调查统计得出，然而 $Z$ 主要取决于某区域配送量的多少，共同配送中心点的地理位置等。而配送量 $Q$ 的大小则与该区域的实际面积，消费网点的分散情况及人口密度等相关联。

因此，若通过租用区域范围内的门店，根据门店的面积大小来确定 $Z$，如果某个村点区域范围以往配送的烟药快件总量超过历史数据 $Q$，则需要根据实际情况考虑增加该区域范围内的共同配送中心点的数量，而不能再由一个独立的烟药共同配送点完成配送任务。

上述所分析的仅为位于主城区县的烟药物流共同配送模式构建前后的成本与收益分析，接下来简要分析周边区县及偏远区县关于共同配送模式构建前后的成本与收益比较。

表 7.14 所示为周边区县某村点的卷烟和药品的实际配送情况。负责该村点区域内的卷烟和药品配送的物流企业数量为 3 家，所有卷烟和药品的每周平均配送总量约为 32 件。在配送网点较为分散的区域，配送人员的平

均每周送出的实际快件数量 $d_1$ 约为 9 件。建立共同配送网点之后，配送人员平均每周送出的卷烟和药品数量 $d_2$ 约为 18 件。单个配送产品的平均面积约为 0.09 平方米，配送中心的占地所需面积至少应为所负责区域所有快件的总面积之和的 1/3，其所需要的租金或建设费用为 $C_0(Q)$。配送人员的月基本工资约为 $w$=2 000 元，绩效工资指每送出一个快件所应得到的提成。建立烟药共同配送中心之前，当 $Q$=32 时，该村社区范围内的配送企业共有 3 家，烟药快件的每周平均配送量为 $d_1$=9 件，从而可得出建立共同配送点之前的配送人员数量 $b_1$=4 人。

表 7.14 周边区县某村点烟药物流配送情况

| 序 号 | 1 | 2 | 3 |
|---|---|---|---|
| 配送企业 | 烟草公司 | 衡生 | 联宏 |
| 周均配送量 | 20 | 8 | 4 |
| 配送人数 | 2 | 2 | 2 |

建立烟药共同配送中心之后，当 $Q$=32 时，该社区范围内仅有 1 个共同配送中心点负责卷烟和药品的配送，所有烟药快件由共同配送点的员工完成配送，配送人员的每周平均配送量约为 $d_2$=18 件，从而可得到此时的配送人员数量 $b_2$=2 人。

由上可知，当烟药快件从区域配送中心直接分配到各负责社区时，减省了由区域配送中心分配到各个物流企业这个环节所耗费的时间和成本。按照主城区县某村的卷烟和药品的配送净收益的计算方式，可得：

$$\Delta Y = \left(\frac{32}{9} - \frac{32}{18}\right) \times \frac{2\,000}{30} + \frac{32 \times 0.5}{18 \times 8} \times \frac{2\,000}{30} - \frac{C_0(Q)}{30} - C_2$$

当 $Q$, $d_1$, $d_2$ 确定的前提下，$\Delta Y$ 的值由 $C_0(Q)$ 决定。通过化简可将上式转化为：

$$\Delta Y = 125.93 - \frac{C_0(Q)}{30} - C_2$$

因此，由上式可知，当 $Z = \frac{C_0(Q)}{30} + C_2 < 125.93$ 元时，即将所需设备的一次性投入和建立配送中心所需的门店费用平摊到每一周，其费用低于 125.93 元，相当于每月的平均门店费用及一次性投入费用低于 503.72 元时，建立烟药共同配送中心点能够带来收益。

当 $Q$ =32 件时,所需面积约为 $\frac{Q}{3}\times 0.09$ 平方米,即所需面积约为 0.9 平方米,以重庆市周边区县为例,若该配送中心位于周边区县地价最高的位置(涪陵区),面积在 0.9 m² 左右的门店月租金约为 63 元。从而可得出 $\Delta Y$ = 440.72 元。因此,在重庆周边区县建立烟药共同配送中心点的方法从经济方面上来考虑是切实可行的。

表 7.15  较远区县某村点烟药物流配送情况

| 序号 | 1 | 2 |
| --- | --- | --- |
| 配送企业 | 烟草公司 | 科恒 |
| 周均配送量 | 15 | 5 |
| 配送人数 | 2 | 2 |

表 7.15 所示为较远区县某村点的卷烟和药品的实际配送情况。负责该村点区域内的卷烟和药品配送的物流企业数量为 2 家,所有卷烟和药品的每周平均配送总量约为 20 件。在配送网点较为分散的区域,配送人员的平均每周送出的实际快件数量 $d_1$ 的水平约为 7 件。建立共同配送网点之后,配送人员平均每周送出的卷烟和药品数量 $d_2$ 约为 16 件。单个配送产品的平均面积约为 0.09 平方米,配送中心的占地所需面积至少应为所负责区域所有快件的总面积之和的 1/3,其所需要的租金或建设费用为 $C_0(Q)$。配送人员的月基本工资约为 $W$ =1800 元,绩效工资指每送出一个快件所应得到的提成。建立烟药共同配送中心之前,当 $Q$=20 时,该村社区范围内的配送企业共有 2 家,烟药快件的每周平均配送量为 $d_1$=7 件,从而可得出建立共同配送点之前的配送人员数量 $b_1$=3 人。

建立烟药共同配送中心之后,当 $Q$=32 时,该社区范围内仅有 1 个共同配送中心点负责卷烟和药品的配送,所有烟药快件由共同配送点的员工完成配送,配送人员的每周平均配送量约为 $d_2$=16 件,从而可得到此时的配送人员数量 $b_2$=2 人。

由上可知,当烟药快件从区域配送中心直接分配到各负责社区时,减省了由区域配送中心分配到各个物流企业这个环节所耗费的时间和成本。按照主城区县某村的卷烟和药品的配送净收益的计算方式,可得:

$$\Delta Y = \left(\frac{20}{7} - \frac{20}{16}\right) \times \frac{1800}{30} + \frac{20 \times 0.5}{16 \times 8} \times \frac{1800}{30} - \frac{C_0(Q)}{30} - C_2$$

当 $Q$, $d_1$, $d_2$ 确定的前提下，$\Delta Y$ 的值由 $C_0(Q)$ 决定。通过化简可将上式转化为：

$$\Delta Y = 101.4 - \frac{C_0(Q)}{30} - C_2$$

因此，由上式可知，当 $Z = \frac{C_0(Q)}{30} + C_2 < 101.4$ 元时，即将所需设备的一次性投入和建立配送中心所需的门店费用平摊到每一周，其费用低于 101.4 元，相当于每月的平均门店费用及一次性投入费用低于 405.6 元时，建立烟药共同配送中心点能够带来收益。

当 $Q$=20 件时，所需面积约为 $\frac{Q}{3}$×0.09 平方米，即所需面积约为 0.6 平方米，以重庆市较远区县为例，若该配送中心位于较远区县地价最高的位置（酉阳县），面积在 0.6 平方米左右的门店月租金约为 36 元。从而可得出 $\Delta Y$=369.6 元。因此，在重庆较远区县建立烟药共同配送中心点的方法从经济方面上来考虑是切实可行的。

## 7.4 烟药物流共同配送模式构建

### 7.4.1 构建原则

由卷烟和医药物流行业组成的共同配送是一个有机的整体，卷烟物流只有一个主体，即重庆市烟草物流分公司，而医药物流行业涉及企业较多，有镇卫生院、第三方医药物流企业等，并且不同地区的医药物流企业不同。但不管怎样，合作方均应本着资源共享、公平合理、共存共荣、有效促进、排除自我孤立意识的总原则开展合作事宜。

（1）优势互补，发挥整体效益。

自 2001 年我国加入世贸组织以来，国内经济迅猛发展，实现了快速增长，但随之而来的资源短缺问题逐渐凸显出来。因此，烟草物流行业在选择联盟伙伴实行共同配送时需充分考虑各个医药物流企业的人力、财力、物力等多方面的资源情况，选择更能够在合作中资源互用、优势互补的企业，这样才能在未来的合作中提升本企业的竞争力，获得更长远的发展。

（2）团结合作，谋求共同发展。

在实施共同配送的烟药物流各企业，虽然服务于不同的消费市场，无终端市场的消费竞争冲突，但仅考虑物流配送，则有相似的经营范围，因为两大行业在未来均有意向和能力完成农村末端环节的物流配送，因此应在实现共同配送合作之前制定明确、细致的合作条例，以书面等形式将各企业方的要求和自己的利弊情况订立下来，避免在合作过程中各个参与方从自己的主观意识出发或由于过多考虑各自企业的利益而影响共同配送。

（3）坚守机密，进行公平合作。

不同的企业为了降低物流配送成本、获得更多利润而达成共同配送合作意向，但是在合作过程中必然会或多或少的主动将本企业的商业机密公开在合作企业内或被动获取到合作企业的一些商业秘密，这的确对各方来说都是一种风险，尽管卷烟与医药行业不存在市场上的竞争关系，但仍有必要在合作范畴内严格依据合约进行公平公开的管理工作，严防合作群体内部的秘密泄露，以此打消各合作方的顾虑，从而实现共同配送的长远发展。

### 7.4.2 构建模式

本书研究的卷烟与医药物流行业之间的共同配送模式属于不同产业的共同配送，结合前文分析的不同产业之间的横向配送模式和我国农村末端环节卷烟物流及医药物流企业的特点，可以提出三种比较适合我国目前卷烟和医药企业在农村末端环节实现共同配送的模式。

1. 卷烟承运医药物流

卷烟承运医药物流指以卷烟物流配送为主，承担农村末端环节的医药物流配送业务。

该种配送方式侧重强调卷烟物流在农村末端环节的配送优势，为使本企业店铺能和配送活动相对应而独自出资成立配送中心，把送到配送中心的商品集中储存、加工和管理然后配送向各个区域店铺，这样就可以大大增加物流配送效率、节约物流成本。同时，多余的配送能力还可以提供给其他需要配送服务的企业从而获得更多的利润。这适用于目前卷烟物流配送资源较医药物流配送资源而言更占有优势的区域，如目前隶属于重庆市主城区的各个区县（北碚区、大渡口区、九龙坡区等），这些地区的卷烟配送除了本身的配送资源较为充足之外，覆盖至村一级的配送网络也已初步形成，并且逐渐趋于完善当中。因此在农村物流末端环节可实现以卷烟物流配送为主，合作承担医药物流的配送业务，具体配送流程如图 7.13 所示。

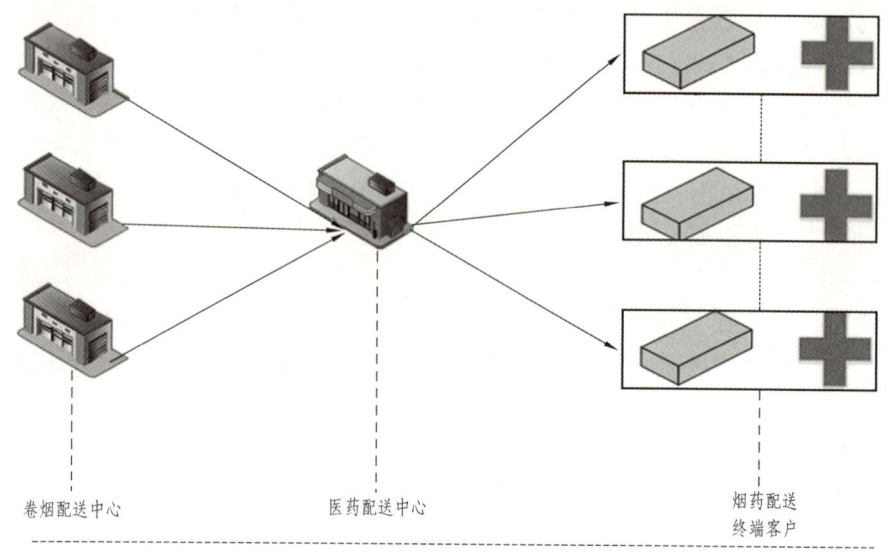

图 7.13　卷烟主导共同配送模式

### 2. 医药承担卷烟物流

医药承担卷烟物流指以医药物流配送为主，承担农村末端环节的卷烟物流配送业务。

该种配送方式侧重强调医药物流在农村末端环节的配送优势，适用于目前医药物流配送资源较卷烟物流配送资源而言更占优势的区域，如重庆市主城周边各区县（璧山区、江津区、合川区等）及除江北配送中心外的其他三大配送中心区域（涪陵区、黔江区、万州区等）。

重庆主城周边区县的卷烟物流虽有自己的配送体系，但仍隶属于江北配送中心，由于江北配送中心绝大多数配送资源分配给了主城各区县，周边区县配送资源较为匮乏，如璧山区和荣昌区烟草公司自有的常用配送车辆仅 1 辆，根本不可能满足全区的配送任务。而三大配送中心的配送资源较为丰富，但与江北无法比拟，现阶段大多数村一级的卷烟零售摊点仍然需要到乡镇指定地点自提。而医药物流在主城周边区县及三大卷烟配送中心（涪陵、黔江、万州）得益于得天独厚的地理位置和国家政策倾向，早已实现了市场化改革，配送体系较为完善，并处于国家改革发展的重点区域，因此选择以医药物流配送为主，合作承担卷烟物流的配送业务，具体配送流程如图 7.14 所示。

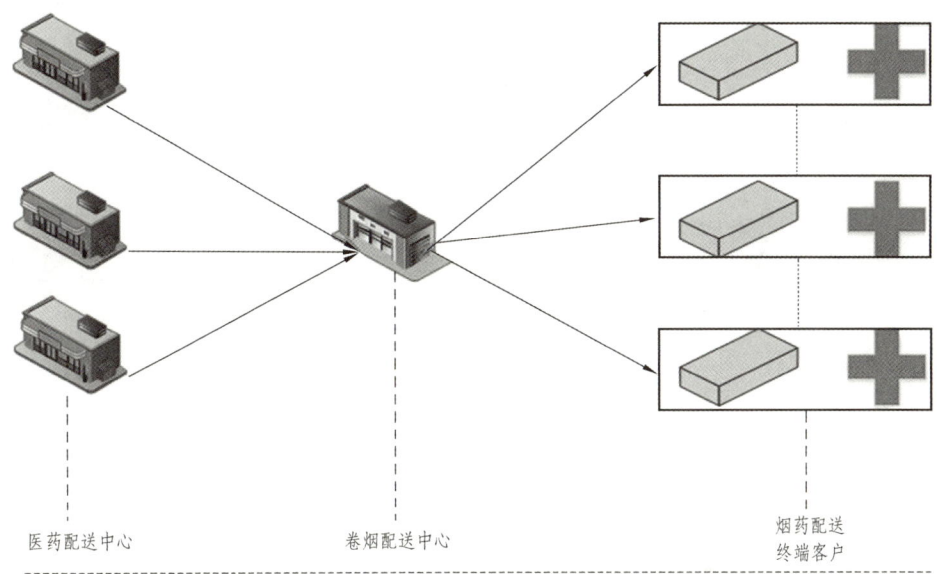

图 7.14　医药物流主导共同配送模式

### 3. 烟药共建配送中心

烟药共建配送中心指共建配送中心，全行业物流统一管理，统一配送。

该种配送方式是一种实行起来较为困难的配送方式，因为此种配送方式的前提在于卷烟和医药物流双方均未在农村物流末端环节具有比对方更为明显的优势，现阶段双方的发展都较为缓慢，配送网络尚未建立。该种配送方式适用于隶属于重庆市三大卷烟配送中心（涪陵、黔江、万州）辖区范围内的较远区县（酉阳县、城口县、云阳县等）。这些地区地理位置较为偏远，分属于二级配送中心，卷烟配送资源严重缺少，各村的卷烟需求量也不多；虽然医药物流有通过当地政府和卫生院的管理较为规范化，但是由于药品的需求极少，配送成本极高。因此在现阶段，对于卷烟物流和医药物流来说，这一环节是双方都更愿意选择第三方物流企业的，目前是中国邮政或者当地区县的本地物流服务商等。由于第三方物流企业纯粹为卷烟或者药品配送的成本极高，因此可考虑在各地区建立卷烟和医药物流合作的配送中心，实现针对农村物流末端环节的统一管理，统一配送，灵活运行，具体配送流程如图 7.15 所示。

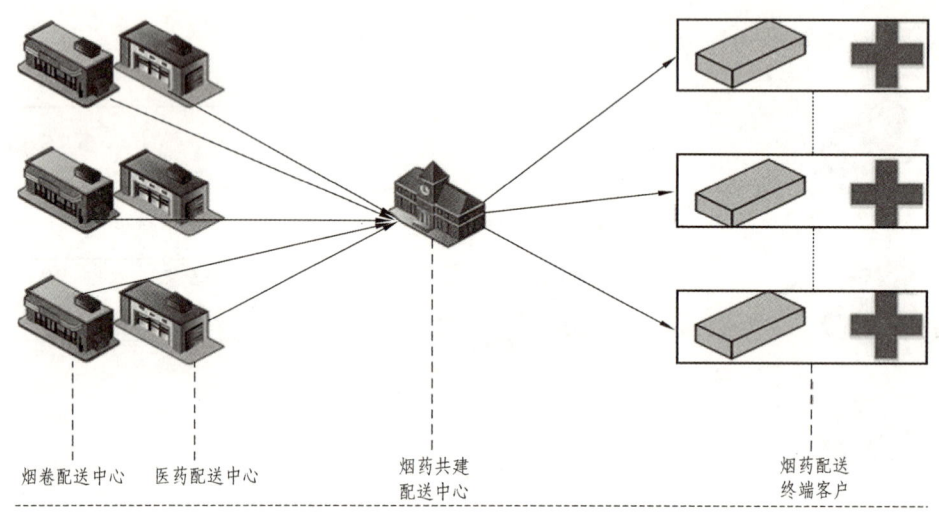

图 7.15 烟药共建共同配送模式

### 7.4.3 具体实施

**1. 实施步骤**

烟药物流企业实施共同配送需从系统论的角度出发,科学合理地针对各个方面进行仔细分析、设计、规划,才能建立一个公平的、合理的、有效的、可行的共同配送体系。烟药物流企业实现共同配送的实施过程可具体分为以下几步:

(1) 验证共同化物流的可行性,形成共同配送体。

实现合作双方共同化的关键问题在于寻找到最适合彼此合作的卷烟及医药物流企业。首先,卷烟物流由于其特有的行业体制处于垄断物流地位,因此主要考虑合作的医药物流企业的选择,需要对合作方的条件有较明确的认识,重点考虑各医药物流企业的配送范围、配送能力、资源情况、配送地点和分布、配送产品特性、物流设施设备情况、物流系统的独立性与兼容性、拥有运输车辆的特性等。

(2) 成立专门部门统一合作企业决策。

烟药物流企业在选择好可进行共同配送的合作企业后,合作双方必须在共同配送的价值上达成充分统一的认知,并以此为基础做出统一的决策。假设决策不能达成统一,合作双方的企业势必不能在商品的集中、存储、配送及管理等物流行为上确保彼此间的协调和一致,影响今后双方共同配送活动的顺利开展，降低通过此种方式带来的利润率，最终导致共同配送共同体的解散。因此，共同配送是产生于统一的决策基础之上的，不能实现决策的统一，共同配送就不可能产生。烟药合作双方必须要成立专门的决策部门或机构，确定管理的主体，实现对联盟内各成员企业的监督和管理，促使合作双方达成一致性的协议，调节各成员的关系和利益等。

（3）确定推进烟药共同配送的主体。

确定烟药共同配送主体的关键在于选择何种组织结构形式。针对异产业的横向共同配送模式，通常有两种配送模式，一是由配送资源等各方面更具优势的参与成员企业来管理共同配送的具体活动的模式；二是由烟药双方共同建立新的机构和配送中心等实现共同配送的模式。这两种主体各有优劣势，在进行选择时有必要参照合作双方的意愿和实际情况，明确双方相对的负责机构和运营组织，选取恰当的主体形式，共同建立具有完善的结构和明确的权责的共同配送主体。

（4）设计共同配送系统。

设计配送系统的目的在于提高物流服务水平、降低物流配送成本、扩大合作企业销售规模。在设计配送系统之前需要明确符合烟药物流合作企业共同配送的形式。设计过程中要明确整体物流服务水平和单个企业的需求，整合参与共同体的各种物流资源和配送项目，选择适合的装卸、保管、备货、理货、拣选、集配等作业环节，配置好开展这些作业所必需的设备、设施、车辆、人员等资源，统一安排退货，处理账单和信息、记录订货和发货详情、传递单据等的标准和流程。

（5）办理相关行政手续。

完成系统设计之后，需向相关部门申请获取建立共同配送系统的许可证，取得合法经营地位。

（6）确立成本和收入分配机制。

烟药合作双方确定共同配送后均需付出一定的成本组建共同配送系统，并确保系统的正常运行，运行之后还会产生共同配送所获得的利润，这需要确定系统内所有成本的计算，制定具体的分摊方法，确立合作共同体内各企业之间公平合理的利益分配机制，从而保障共同配送系统的顺利实施和运营。

（7）建立、运行配送系统。

通过上述系统设计的预定方案成立相应的组织和机构，投入具体的管理程序，并与具体的配送业务相结合，完成配送系统的运行。

(8) 持续改进、完善共同配送系统。

要想确保长期顺利和有效的运行，必须实行定期或不定期的系统检测工作，发现问题及时排除故障，使整个系统得到持续的改进和完善。另外，在系统的检测过程中通常需要注意以下几点：

① 合理公平地分配所得利润。合作各方需建立一套相对合理的、获得各参与成员认同的利益分配机制，严格按照该机制对实施共同配送而获得的利益实现公平合理的分配，在不同的参与企业之间做到真正意义上的利益均衡。

② 协调合作双方的关系。在共同配送的实施过程中，决策往往是由物流管理者在综合分析各参与成员意见的基础上做出的，是从全局的角度出发找出的最适合的方案予以实施，不可能全部采纳实施所有成员企业的意见。因此，能否协调好合作双方之间的关系直接影响共同配送效率的高低，甚至关系到共同配送系统的未来发展。

③ 严格保守彼此的商业秘密。尽管烟药共同配送属异产业的配送系统，但由于在物流行为上具有一致的配送需求，商业秘密的泄露会对企业（尤其是医药物流企业）造成十分严重的伤害。因此有必要建立一整套较为完善的预防和监督合作企业秘密外泄的机制，严防合作群体商业秘密的泄露。

④ 维持较高的物流服务水平，较低的物流配送成本。很明显，烟药物流实施共同配送的初衷就是为了提高物流服务水平、降低物流配送成本，这是开展烟药共同配送的根本动力，要实现烟药共同配送的可持续发展，各成员企业就应当保持物流服务水平一直高于系统运行之前的水平，保持参与企业的物流成本优势。

综上所述，烟药共同配送模式的具体实施过程可用图 7.16 表示。

2. 实施策略

我国卷烟与医药物流行业实施共同配送的第一步是根据自身的实际情况确定一个适合各方的共同配送模式，然后在共同配送的原则下按照共同配送的实施步骤建立一个合理、高效的共同配送系统。为了使这个共同配送系统更为持久地运行下去，需要注重以下几个方面的策略：

(1) 产品配送合并策略。

合并运送是将不同或相同时间点制造或需要使用的产品聚集起来，使其能够装载于同一运输工具进行配送，经由配送合并实现共同配送。各合作企业通过此种策略可提高物流服务水平，提升顾客服务标准，增加运输设备利用率，有效降低配送成本。

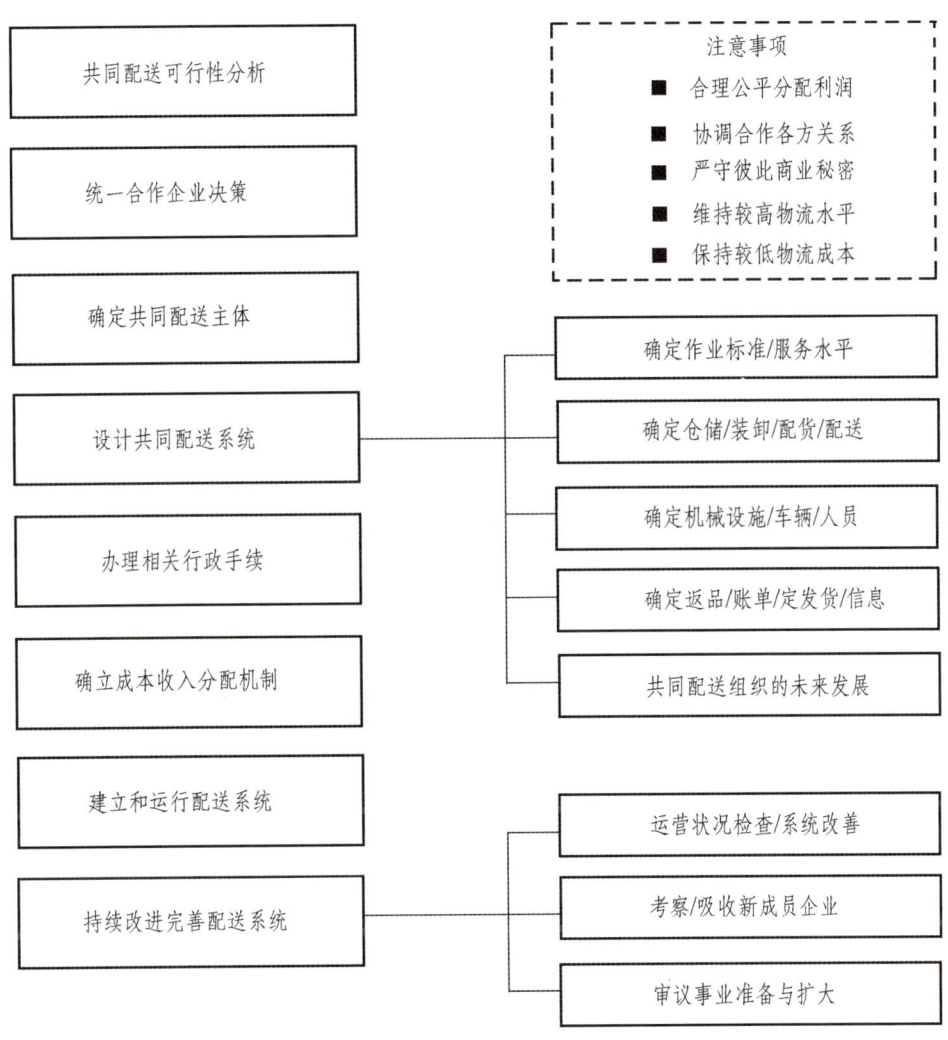

图 7.16　烟药共同配送实施步骤

针对烟药行业的物流配送，由于产品的品种较多，品规不一（尤其是药品），不仅储运性能、包装形态有所差别，在容量方面也可能相差甚远。因此，在安排车辆完成配送任务时需要充分利用车辆的容积和载重量，实行规范合理的轻重装配、容积大小不同的产品搭配装车，这样不仅提高装载率，还能充分利用车辆的有效容积获得最优效果，从而获得更为明显的效益，降低配送的成本。

（2）差异化策略。

差异化策略的中心原则是根据不同配送产品的特征性质，要求不同的配送服务水平。针对合作企业进行分类管理，可提高服务水平，降低物流成本。不正确认识产品的差异性会增加不必要的配送成本。因此在进行共同配送时应当依据产品的不同特点、烟药各经营点的销售能力等因素对不同地区的烟药销售点进行分类，针对不同地区的销售点提供对应的物流配送服务，设置不同的库存容量和存储地点，选择对应的运输方式。

（3）标准化策略。

标准化策略即是要求各合作企业尽可能实现针对产品包装的标准零化、模块化，尽可能降低因品种多变而产生的附加配送成本。在内部管理尤其是库内作业管理中，必须制定包括操作流程和工作指导等在内的一系列标准化措施。物流配送标准化程度的高低在很大程度上影响着物流效率的提高。共同配送是对各合作伙伴所有资源的重新整合，各参与者只有使用统一的标准和规范，才能提高物流配送服务的水平，减少中间环节的物流成本，保障整个物流过程紧张有序地进行。

# 参考文献

[1] Simic D, Ilin V, Svircevic V, et al. A hybrid clustering and ranking method for best positioned logistics distribution centre in Balkan Peninsula[J]. LOGIC JOURNAL OF THE IGPL, 2017, 25 (06): 991-1005.

[2] 王道平, 徐展, 杨岑. 基于两阶段启发式算法的物流配送选址-路径问题研究[J]. 运筹与管理, 2017, 26(04): 70-75, 83.

[3] Halim R A, Kwakkel J H, Tavasszy L A. A strategic model of port-hinterland freight distribution networks[J]. Transportation Research Part E Logistics & Transportation Review, 2016, 95: 368-384.

[4] 杨忠振, 穆雪, 朱晓聪. 交通流变化下的多配送中心—多需求点配送网络优化模型[J]. 交通运输工程学报, 2015, 15(01): 100-107.

[5] 张明玉, 尹超, 王树祥, 等. 基于资源整合的连锁超市混搭配送优化研究[J]. 管理评论, 2017, 29(08): 223-233.

[6] 陈耀庭, 黄和亮. 我国生鲜电商"最后一公里"众包配送模式[J]. 中国流通经济, 2017, 31(02): 10-19.

[7] Chen Q, Lin J, Kawamura K. Comparison of Urban Cooperative Delivery and Direct Delivery Strategies[J]. Transportation Research Record Journal of the Transportation Research Board, 2012, 2288(2288): 28-39.

[8] 余海燕, 徐寅峰. 最小化车辆数的供应商直接配送策略[J]. 系统工程理论与实践, 2012, 32(12): 2672-2676.

[9] Alinaghian M, Ghazanfari M, Norouzi N, et al. A Novel Model for the Time Dependent Competitive Vehicle Routing Problem: Modified Random

Topology Particle Swarm Optimization[J]. Networks & Spatial Economics, 2017(4): 1-27.

[10] 王文蕊, 吴耀华. 带实际约束的大规模车辆路径问题建模及求解[J]. 控制与决策, 2013, 28(12): 1799-1804.

[11] 穆东, 孙叶梁. 京东配送频率及其经济性分析[J]. 北京交通大学学报(社会科学版), 2018, 17(01): 106-116.

[12] 张蜊彬, 成耀荣, 梁佳佳. 基于集配中心供应商协同配送主从决策机制[J]. 系统管理学报, 2017, 26(03): 577-582.

[13] 王勇, 任音吉, 许茂增. 基于多中心共同配送的收益分配优化问题[J]. 计算机集成制造系统, 2017, 23(7): 1571-1580.

[14] Roson R, Hubert F. Bargaining Power and Value Sharing in Distribution Networks: A Cooperative Game Theory Approach[J]. Networks & Spatial Economics, 2015, 15(1): 71-87.

[15] 胡本勇, 陈旭. 基于收益共享合约的策略一致性与供应链合作研究[J]. 管理工程学报, 2017, 31(02): 91-100.

[16] Ferguson T S, Shapely L S, Macqueen J B. Preface[M]. Statistics, probability and game theory. Institute of Mathematical Statistics, 1996.

[17] 周业付. 基于改进 Shapley 值模型的农产品供应链利益分配机制[J]. 统计与决策, 2017(23): 52-54.

[18] 高更君, 黄芳. 基于云重心 Shapley 值的供应链融资联盟收益分配研究[J]. 工业技术经济, 2017, 36(02): 104-109.

[19] 孙蕾, 孙绍荣. 基于 Shapley 值的基础设施工程融资联盟合作机制研究[J]. 工业工程与管理, 2017, 22(02): 76-82.

[20] 张瑜, 菅利荣, 刘思峰, 等. 基于优化 Shapley 值的产学研网络型合作利益协调机制研究——以产业技术创新战略联盟为例[J]. 中国管理科学, 2016, 24(09): 36-44.

[21] 孟博, 庞磊. 纯电动汽车在卷烟配送中的应用探讨[J]. 中国烟草学报, 2016, 22(4): 111-116.

[22] 徐智, 陈军, 唐萍. 卷烟商零物流动态线路优化和在途监控的研究及

实现[J]. 中国烟草学报, 2014, 20(01): 71-73, 83.

[23] 孙壮志, 鄢烈虎, 要学玮. 基于线路优化算法的卷烟配送调度系统[J]. 中国烟草学报, 2014(5): 128-133.

[24] 杨水利, 王春嬉, 蔺雪. 越库模式下的卷烟配送业务流程再造研究——以西安市卷烟配送中心为例[J]. 运筹与管理, 2015, 24(02): 255-261.

[25] 蔡萍萍, 章勤俭, 倪震海. 烟草商业企业物流配送满意度模糊评价[J]. 中国烟草学报, 2012, 18(05): 66-72.

[26] 周冀衡, 张建平. 构建中式卷烟优质特色烟叶原料保障体系是新形势下中国烟草的战略选择[J]. 中国烟草学报, 2008(01): 42-46, 57.

[27] Schintler L A, Gorman S P, Reggiani A, et al. Complex network phenomena in telecommunication systems[J]. Networks and Spatial Economics, 2005, 5(1): 351-370

[28] Salmeron J, Wood K, Baldick R. Analysis of electric grid security under terrorist threat[J]. IEEE Transactions on Power Systems, 2004, 19(2): 905-912.

[29] Barabasi, Albert-Laszlo, Reka Albert. Emergence of scaling in random networks[J]. Science, 286. 5439 (1999): 509-512.

[30] Brunson Jason Cory, Fassino Steve, McInnes Antonio, et al. Evolutionary events in a mathematical sciences research collaboration network[J]Scientometrics. 2014(99): 973-998.

[31] 郭春香, 顾新. 群体决策中隐性社团组织的识别[J]. 四川大学学报(哲学社会科学版), 2015, (03): 86-93.

[32] Singh R, Chakraborty A, Manoj BS. GFT centrality: A new node importance measure for complex networks[J]. PHYSICA A-STATISTICAL MECHANICS AND ITS APPLICATIONS. 2017, 12(487): 185-195.

[33] Kim Hyoungshick, Anderson Ross. Temporal node centrality in complex networks[J]. PHYSICAL REVIEW E. 2012(85): 02.

[34] 赫南, 李德毅, 淦文燕, 朱熙. 复杂网络中重要性节点发掘综述[J]. 计算机科学, 2007, (12): 1-5, 17.

[35] 周漩, 张晋武. 一种复杂加权网络节点重要度评估方法[J]. 兵工学报, 2015, (S2): 268-273.

[36] 李玉鹏, 魏俊美, 王召同, 等. 冷链物流"最后一公里"快速配送方法研究[J]. 工业技术经济, 2017, 36(01): 51-60.

[37] 杨从平, 郑世珏, 党永杰, 等. 基于配送时效和连接成本的快递网络优化[J]. 系统工程理论与实践, 2016, 36(08): 1983-1992.

[38] 黄建华, 黄芳菲. 复杂网络节点重要性评估的二维指标研究[J]. 西安电子科技大学学报(社会科学版), 2013, 23(05): 36-42.

[39] 种鹏云, 帅斌. 基于复杂网络的危险品运输网络抗毁性测度分析[J]. 中南大学学报(自然科学版), 2014, 45(05): 1715-1723.

[40] 郑文强, 陈云翔, 庄骏, 蔡忠义. 基于复杂网络理论的航材配送网络抗毁性分析[J]. 火力与指挥控制, 2015, 40(02): 128-132.

[41] 杨水利, 王春嬉, 蔺雪. 越库模式下的卷烟配送业务流程再造研究——以西安市卷烟配送中心为例[J]. 运筹与管理, 2015, (02): 255-261.

[42] 郑阳洋, 刘希玉, 邓文臣. 道路网络聚类技术在卷烟配送中的研究与应用[J]. 计算机应用研究, 2011, (01): 142-144.

[43] 陈子侠. 城市卷烟配送线路的网格划分算法[J]. 上海交通大学学报, 2003, (07): 1013-1017.

[44] 孙壮志, 鄢烈虎, 要学玮. 基于线路优化算法的卷烟配送调度系统[J]. 中国烟草学报, 2014, (05): 128-133.

[45] 徐智, 陈军, 唐萍. 卷烟商零物流动态线路优化和在途监控的研究及实现[J]. 中国烟草学报, 2014, (01): 71-73, 83.

[46] 王文蕊, 吴耀华. 考虑变动成本的车辆路径问题建模及求解[J]. 计算机集成制造系统, 2014, (04): 979-987.

[47] 王文蕊, 吴耀华. 带实际约束的大规模车辆路径问题建模及求解[J]. 控制与决策, 2013, (12): 1799-1804.

[48] 周冀衡, 张建平. 构建中式卷烟优质特色烟叶原料保障体系是新形势

下中国烟草的战略选择[J]. 中国烟草学报, 2008(01): 42-46, 57.

[49] 倪玲霖. 轴辐式与点对点及组合式的快递网络特征分析[J]. 统计与决策, 2010, (20): 59-61.

[50] 汪小帆, 李翔, 陈关荣. 网络科学导论[M]. 北京: 高等教育出版社, 2012: 87-89.

[51] Watts D J, Strogatz S H. Collective dynamics of 'small-world' networks[J]. Nature(London), 1998, 393: 440-442.

[52] 鲁晓春. 仓储自动化[M]. 北京: 清华大学出版社, 2002: 177-178.

[53] 邓凤祥. 现代物流成本管理——消除"物流冰山": 获取利润之第三源泉[M]. 北京: 经济管理出版社, 2003, 6: 14-15.

[54] 张涛, 文新兰. 企业绩效评价研究[M]. 经济科学出版社, 2002.

[55] 刘春霞. 工业企业物流成本管理研究[D]. 北京: 北京交通大学, 2007.

[56] 靳伟. 第三利润源泉与物流费用[J]. 中国物资流通, 2002, 3

[57] 肖康元. 日本的物流成本政策分析[J]. 物流科技, 2005(3): 42-43.

[58] KEYES, WAYNE PORTER. Logistics system design for the management of logistics delay time[D]. Stanford University, 1982.

[59] MENTZEN, JOHN T, LINENDA P KONRAD. An efficiency effectiveness approach to logistics performance measurement[J]. Journal of business logistics, 1992, 12.

[60] GOOLEY TOBY P. Pindinn the hidden cost of logistics[J]. Traffic management, 1995, 3: 3.

[61] DOUNLASM LAMBENT, RENAN LIUNDUNONLU. Measuninn and sellinn the value of logistics[J]. The International Journal of Logistics Management, 2000, 11: 1-17.

[62] Che-Hung Lin, Iuan-Yuan Lu. The procedure of determining the order picking strategies in distribution center[J]. International Journal of Production Economics, April 20, 1999, 60-61: 301-307.

[63] Chih-Ming Hsu, Kai-Ying Chen, Mu-Chen Chen. Batching orders in warehouses by minimizing travel distance with genetic algorithms[J].

Computers in Industry. February, 2005, 56(2): 169-178.

[64] Kees Jan Roodbergen, Rene de Koster. Routing order pickers in a warehouse with a middle aisle[J]. European Journal of Operational Research, August 16, 2001, 133(1): 32-43.

[65] 谌微微. 不同分拣模式下卷烟配送中心分拣成本控制研究[D]. 重庆交通大学, 2011.

[66] 赵刚. 物流成本分析与控制[M]. 成都: 四川人民出版社, 2009, 6: 1-10.

[67] 朱伟生, 张洪革. 物流成本管理[M]. 北京: 机械工业出版社, 2003, 2.

[68] 黄炎波, 张汉江. 物流成本控制的系统方式[J]. 系统工程, 2004.

[69] 扶青. 标准成本法在企业物流成本的应用研究[J]. 现代管理科学, 2006.

[70] 谢莹莹. 第三方物流企业成本控制研究[D]. 上海: 上海海事大学, 2007.

[71] 王华. 企业物流成本控制研究[D]. 武汉: 武汉理工大学, 2004.

[72] 虞洁. 怎样控制企业物流成本[J]. 中国物流与采购, 2003, (2): 32-33.

[73] 崔红. 物流企业成本军控制模式的探讨[J]. 上海会计, 2003, (6): 56-58.

[74] 王平心. 作业成本计算理论与应用研究[J]. 东北财经大学出版社, 2001.

[75] 陈小龙, 朱文贵, 张显东, 等. ABC 成本法在企业物流成本核算和管理中的应用[J]. 物流科技, 2002, (6): 15-16.

[76] 谢家平, 陈荣秋. 产品回收处理逆向物流的成本—效益分析财务分析模型[J]. 中国流通经济, 2002（1）.

[77] 孙烨. 作业成本法简介[J]. 价值工程, 1999, 126(3): 49-52.

[78] 孙俊丽. 制造企业物流成本控制研究[D]. 上海: 上海海事大学, 2006.

[79] 王燕, 蒋笑梅. 配送中心全程规划[M]. 北京: 机械工业出版社, 2004: 247-248.

[80] Huiling Yu. Activity-based costing business accounting[J]. China's

Foreign Trade, 2011(8).

[81] 贺琼, 杜敏. 作业成本法在物流企业中的应用[J]. 武汉理工大学学报, 2004, 8(4).

[82] 王成钢, 周敏. 基于物流流程的物流成本计量模型及其应用研究[J]. 长沙航院学报, 2005, 16(1): 26-31.

[83] 宋华. 物流作业成本测度及其应用[J]. 管理评论, 2004, (4): 14-24.

[84] 黎艳虹. 基于作业成本法的第三方物流企业成本核算及决策研究[D]. 成都: 西南交通大学, 2006.

[85] 崔南方, 钟秀丽. 作业成本法在物流成本管理中的应用闭[J]. 厦门大学学报, 2003, 42(8).

[86] 陈钢. F公司基于ABC方法的物流成本核算与优化研究[D]. 南京: 南京理工大学, 2010.

[87] 张蕊, 饶斌, 吴炜. 作业成本法在卷烟制造业成本核算中的应用研究[J]. 会计研究, 2006, 7.

[88] 刘德宝, 吴耀华. 复合式卷烟分拣系统研究与设计[D]. 济南: 山东大学, 2006: 24.

[89] 姜荣奇, 唐铮星. 卷烟成品销售配送中心模式[J]. 现代制造, 2002, 8: 80-81.

[90] 刘昌祺. 物流配送中心拣货系统选择及设计[M]. 北京: 机械工业出版社, 2004. 104-118.

[91] 李静. 卷烟配送中心自动分拣系统配置与优化研究[D]. 济南: 山东大学, 2009.

[92] 李庆磊. 物流中心分拣策略的研究与应用[D]. 济南: 山东大学, 2006: 33.

[93] 谭函梅. 物流成本作业成本法控制探索[J]. 科学大众（科学教育）, 2010(12).

[94] 鲍新中, 崔巍. 物流成本管理与控制（第2版）[M]. 电子工业出版社, 2009: 101-103.

[95] 鲁五一, 等. 卷烟分拣系统的时间建模分析[J]. 物流技术. 2007.

[96] 李铁瑞. 湘潭市烟草公司物流配送中心物流管理流程重组研究[D]. 长沙：中南大学, 2008. 11.

[97] 冉文学. 卷烟销售配送物流中心组成设备的研究[J]. 中国包装工业, 2007.

[98] 文坚, 马士华. 基于时间延迟的订单分批策略研究[J]. 物流技术与应用, 2005, 4: 92-95.

[99] 张贻弓, 吴耀华. 可合流的自动分拣系统订单排序优化[J]. 山东大学学报(工学版), 2008, 38: 67-72.

[100] 鞠镁隆, 沈敏德. 卷烟自动分拣机的创新设计[J]. 轻工机械, 2006, 24: 123-125.

[101] 李凯, 吴耀华. 自动卷烟分拣机的控制策略优化与仿真[D]. 济南：山东大学, 2006.

[102] 诸福灵. 美国配送中心类型与作业流程[J]. 中国流通经济, 2001. 3.

[103] 彭丽. 烟草成品配送中心项目中分拣方式的选择[J]. 物流技术与应用, 2004, 6: 75-78.

[104] 陈宁宁. 面向卷烟配送中心拣选系统的 EIQ 分析[D]. 济南：山东大学, 2005.

[105] 李娜娜. 卷烟配送中心自动分拣系统的规划设计研究[D]. 长沙：中南大学, 2008.

[106] 姜荣奇, 唐铮星. 卷烟成品销售配送中心模式[J]. 现代制造, 2002, 8: 80-81.

[107] 台北市机械工业研究所. 物流中心拣货作业[J]. 台北经济部商业司, 1998.

[108] 王华. 电子标签辅助拣货系统的初步设计与研究[D]. 昆明：昆明理工大学, 2005.

[109] 张晓昆. 卷烟配送中心的设计[J]. 物流技术与应用, 2005, 10: 82-85.

[110] 张贻弓, 林茂. 卷烟分拣设备的选型与优化[J]. 物流技术与应用, 2008. 13: 85-87.

[111] 徐南荣, 仲伟俊. 科学决策理论与方法[M]. 南京：东南大学出社,

1996.

[112] 傅静芳. 配送中心的捡货作业模式研究[J]. 物流技术, 2005, 3: 18-20.

[113] 刘德宝. 复合式卷烟分拣系统. 研究与设计[D]. 济南: 山东大学, 2006.

[114] 孙新乐. 云南烟草物流整合研究[D]. 昆明: 昆明理工大学, 2007.

[115] 于文潞. 电子标签卷烟分拣系统的仿真与优化[D]. 济南: 山东大学, 2007.

[116] Tho Le-Duc, Rene M. B. M. de Koster. Travel time estimation and order batching in a 2-block warehouse[J]. European Journal of Operational Research, 2007, 176: 374-388.

[117] Richard L. Daniels, Jeffrey L. Rummel, Robert Schantz. A model for warehouse order picking[J]. European Journal of Operational Research, 1998, 105(1): 1-17.

[118] Kees Jan Roodbergen, Rene de Koster. Routing order pickers in a warehouse with a middle aisle[J]. European Journal of Operational Research, 2001, 133: 32-43.

[119] CharlesG. Petersen, Gerald Aase. A comparison of picking, storage, and routing policies in manual order picking[J]. Int. J. Production Economics, 2004, 92: 11-19.

[120] Venkata Reddy MuPPani, Gajendra Kumar Adil. A branch and bound algorithm for class based storage location assignment[J]. European Journal of Operational Research, 2008, 189: 492-507.

[121] Jane Chin-Chia, LaihYih-Wenn. A clustering algorithm for item assignment in a synchronized zone order picking system[J], European Journal of Operational Research, 2005, 166(2): 489-496.

[122] Venkata Reddy MuPPani(MuPPant), Gajendra Kumar Adil. Efficient formation of storage classes for warehouse storage location assignment: Asimulated annealing approach[J]. Omega, 2008, 36: 609-618.

[123] Mu-Chen Chen, Cheng-Lung Huang, Kai-Ying Chen, Hsiao-Pin Wu. Aggregation of orders in distribution centers using data mining[J]. Expert Systems with Application, 2005, 28(3): 453-460.

[124] 张士龙. 出版物物流配送中心成本极其绩效评价研究[D]. 成都：西南交通大学, 2007.

[125] 陈淑会, 等. 作业成本法在汽车回收中的应用[J]. 城市建设, 2009.

[126] 秦媛媛. 物装公司物流成本分析与控制研究[D]. 北京：北京交通大学, 2008.

[127] 潘勤华, 等. 现代跨国公司物流管理模式探究——对德力西电气物流管理的实证研究[J]. 经济论坛, 2010.

[128] 林振强. 我国共同配送发展状况分析[J]. 物流技术与应用, 2013.

[129] 韩丽娟. 城市物流共同配送模式研究[D]. 武汉理工大学, 2013.

[130] 张晶晶, 姜天. 电子商务共同配送研究综述[J]. 小国市场, 2013.

[131] 陈月明. 合作博弈下的共同配送利益分配研究[J]. 物流工程与管理, 2011.

[132] 张戎, 朱冯源. 上海排进共同配送的对策建议研究[J]. 物流科技, 2011.

[133] 胡若飞. 我国商业中心区共同配送研究[J]. 企业经济, 2010.

[134] 肖燕飞. B2C 电子商务末端物流采用共同配送模式的研究[D]. 暨南大学, 2012.

[135] 张帆. 带时间窗推荐的城市货运共同配送系统研究[D]. 北京交通大学, 2015.

[136] T Yamada, E Taniguehi, Y Itoh. Co-operative vehicle routing model with optimal location of logistics teniiinals[J]. City Logistics, 2001.

[137] Witte J C, Schoeberl M R, Douglass A R, et al. Satellite observations of changes in air quality during the 2008 Beijing Olympics and paralympics[J]. Geophys Res Lett, 2009.

[138] Alexander Schone, Wolfgang Sehmid. On the joint distribution of a quadratic and a linear form in normal variables [J]. Jounal of

Multivariate Analysis, 2000.

[139] E T'anlguchi, T Yamada, M Tamaishi. Dynamie vehicle routing and scheduling with real time information[J]. CityLogisties, 2001.

[140] HIeda, AKimura, Y Yin. Why don,t multi-earrier joint delivery services in urban areas become PoPular-a gaming simulation of carrier's behavior[J]. CityLogistics, 2001.